反贪污贿赂岗位素能培训丛书 3

反贪污贿赂岗位素能培训习题集

FAN TANWU HUILU GANGWEI
SUNENG PEIXUN XITIJI

徐进辉／主编

中国检察出版社

《反贪污贿赂岗位素能培训习题集》编委会

顾　　问：邱学强　陈连福
主　　编：徐进辉
副 主 编：马海滨　孙忠诚　王利民
编　　委（以姓氏笔画为序）：
　　　　　　于国庆　王国平　刘洪林　李连成
　　　　　　曲　璟　阿儒汗　陈　波　陈有贤
　　　　　　杨兴国　张雪昆　赵东平　韩国光
　　　　　　韩　英　詹复亮
撰 稿 人：刘洪林　周晓永　张建惠　冀永生
　　　　　　费　磊　肖剑平

总　序

党的十八大对反腐败提出了新的更高要求，鲜明地提出坚决反对腐败、建设廉洁政治，习近平总书记明确指出反腐败惩治这只手决不能放松，要坚持"老虎"、"苍蝇"一起打，社会各界对反腐败的热情和期望空前高涨。检察机关反贪部门肩负着查办贪污贿赂犯罪的重要职责，责任重大、使命崇高。近年来，检察机关反贪部门紧紧围绕党和国家工作大局，坚持以加大办案力度为中心，以提高对贪污贿赂犯罪的查处率和遏制力为目标，全面加强侦查手段现代化、侦查机制一体化、侦查活动规范化、侦查管理科学化和侦查队伍专业化建设，反贪污贿赂工作呈现深入健康发展的良好局面。

然而，当前贪污贿赂犯罪总体上仍然易发多发，犯罪手段、作案方式更加隐蔽化、智能化、复杂化，反腐败斗争形势依然严峻、任务依然艰巨。修改后的刑事诉讼法明确规定了尊重和保障人权原则，确立了新的证据规则和非法证据排除制度，侦查的对抗性明显增强，对侦查取证活动的合法性要求提高，反贪办案工作面临着许多新的挑战。如何全面加强反贪侦查能力建设，提高适应修改后的刑事诉讼法的能力和水平，努力增强办案力度，以查办贪污贿赂犯罪案件的实际成果回应社会关切，是当前和今后一个时期反贪部门面临的一项重大而紧迫的任务。

为迎接挑战，适应修改后的刑事诉讼法的新要求，加强反贪干警职务犯罪侦查能力建设，提升反贪队伍素质能力，解决队伍业务技能与反贪工作发展要求不相适应之间的矛盾，推动反贪工作深入健康发展，反贪污贿赂总局组织编写了《贪污贿赂犯罪案件侦查实务》、《贪污贿赂案件收集证据参考标准》、《反贪污贿赂工作实用法律法规汇编》和《反贪污贿赂岗位素能培训习题集》等培训丛书。为达到"岗位练兵，增强技能，提升能力"的目标，本套培训丛书编写贯彻"结合理论，联系实际，注重经验"的原则，突出岗位培训的针对性和实效性，全面提高反贪干警的侦查能力和适应修改后的刑事诉讼法的能力和水平。这套丛书由最高人民检察院反贪污贿赂总局组织编写，反贪污贿赂总局及北京、上海、江苏、浙江、河南等省院反贪局业务专家参与撰写。其中，有反贪污贿赂总局领导，有长期从事反贪工作的省级院领导、反贪局局长,也有在一线从事反贪侦查工作的业务骨干。他们具有较高的理论水平和丰富的实践经验,特别是熟悉和了解反贪办案一线实际情况和需求,并善于把办案经验上升为体系化的侦查理论。该套丛书对于指导反贪办案工作,提升反贪队伍业务素质和侦查能力,具有现实指导意义。

　　反对腐败、建设廉洁政治,是我们党一贯坚持的鲜明政治立场,是人民关注的重大政治问题。加强反贪侦查能力建设,提高反贪队伍的侦查技能,建设高素质反贪队伍,事关反腐败事业的前途和命运,任重而道远,须常抓不懈。最高人民检察院曹建明检察长多次强调全面加强检察队伍建设,突出抓好素质能力建设。本套丛书的出版是最高人民检察院反贪污贿赂总局落实最高人民检察院党组和曹建明检察长要求的一个重大举措,也是配合10月向全国人大常委会专题报告反贪工作的重要举措。相信,该套丛书的出版,将有利于进一步加强反贪队伍侦查能力建设,推动各级检察机关反贪部门更加努力地打击贪污贿赂犯罪,为积极推进反腐倡廉建设、促进经济社会又好又快发展、维护社会和谐稳定作出新的更大贡献!

　　值此丛书出版之际,我们要特别感谢各位主编以及参与撰稿的各位作者,正是由于他们在业余时间加班加点的辛勤付出,丛书才得以及时付梓。同时,还要感谢中国检察出版社的各位编辑,正是由于他们认真细致的工作和诸多合理化的建议,丛书才得以高质量出版。由于时间紧,任务重,丛书编写过程中难免有不当之处,恳请大家多多批评指正,以便进一步修改完善。

编　者

2013 年 8 月

目　录

总　序 …………………………………………………………（ 1 ）
一、反贪污贿赂犯罪侦查总论练习题 …………………………（ 1 ）
二、反贪污贿赂犯罪侦查分论练习题 …………………………（ 69 ）
三、反贪污贿赂岗位素能培训模拟试题 ………………………（ 94 ）
　　模拟试题（一）及参考答案 ………………………………（ 94 ）
　　模拟试题（二）及参考答案 ………………………………（108）
　　模拟试题（三）及参考答案 ………………………………（123）
　　模拟试题（四）及参考答案 ………………………………（137）

反贪污贿赂犯罪侦查总论练习题

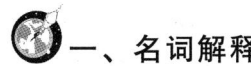 一、名词解释

1. 贪污贿赂案件的侦查管辖

检察机关在受理贪污贿赂案件时在立案权限上的分工,以确定哪些案件由哪一级检察机关立案侦查。

2. 专门管辖

军事检察院、铁路运输检察院等专门人民检察院侦查特定贪污贿赂犯罪案件的立案权限上的分工。

3. 指定管辖

因管辖不明发生争议或出现其他情形需要改变管辖,而由上级人民检察院指定其下级人民检察院对某一特定贪污贿赂犯罪案件立案侦查。

4. 会计证据

在贪污贿赂等犯罪侦查过程中,侦查人员从财务会计资料中收集的或经过核实的,反映案件资金的来源、去向和运动轨迹的原始凭证、记账凭证、会计报表、会计账簿以及其他相关财务资料,并能证明案件事实的一种书证、物证。

5. 电子证据

电子证据有广义和狭义之分。广义的电子证据是指储存在计算机及网络中的以电子、数字、磁、光学、电磁等形式来证明案件真实情况的信息。狭义的电子证据,仅指局限于电子商务活动中的各种电子数据、记录及记录系统。

6. 强制措施

人民检察院在侦查活动中,为了有效地同贪污贿赂等职务犯罪作斗争和保障侦查活动的顺利进行,防止犯罪嫌疑人继续实施危害社会的行为,依法对

犯罪嫌疑人所采取的暂时限制或者剥夺其人身自由的各种方法和手段。

7. 拘传

人民检察院、公安机关、人民法院对于没有被拘留、逮捕的犯罪嫌疑人，强制其按规定时间到指定地点接受讯问的一种强制措施。

8. 取保候审

人民检察院、公安机关、人民法院为了保障侦查活动的顺利进行，依法责令犯罪嫌疑人提供保证人或者交纳保证金，以保证其不逃避或者妨碍侦查，并随传随到的一种强制措施。

9. 监视居住

人民检察院、公安机关、人民法院为了保障侦查活动的顺利进行，责令犯罪嫌疑人未经批准不得离开住处或者指定居所，并对其行动加以监视的一种强制措施。

10. 逮捕

人民检察院、公安机关、人民法院为了保障侦查活动的顺利进行，对犯罪嫌疑人依法采取的暂时剥夺其人身自由，予以羁押的一种强制措施。

11. 受案

对报案、控告、举报、自首等方面的材料予以接受，并审查决定是否受理的诉讼活动。简言之，就是对案件线索的接受和受理。

12. 案件线索

公安机关、人民检察院、人民法院自行发现或有关单位、组织、个人向司法机关提交的有关犯罪事实或犯罪嫌疑人情况的材料。

13. 初查

人民检察院对直接受理侦查案件的线索材料在立案前进行的审查和调查。

14. 初查"突破口"

线索反映的问题中最容易查明的环节、最容易成案的部分、最容易突破的人员等，使案情明朗、初查能够迅速转向立案环节的要素。

15. 职务犯罪侦查中的立案

职务犯罪侦查中的立案有广义和狭义之分。广义的立案，是指检察机关对于报案、控告、举报和犯罪人自首等方面的材料，依照管辖范围进行审查，以判明是否认为有犯罪事实需要追究刑事责任，并依法决定是否作为刑事案件交付侦查的诉讼活动。狭义的立案，是指检察机关对案件线索依照管辖范围进行审查后，认为有犯罪事实需要追究刑事责任，而依法将其作为刑事案件交付侦查的决定。

16. 侦查

侦查机关在办理刑事案件过程中，为了搜集、审查证据，揭发、证实犯罪，查获犯罪人，并查清犯罪的具体情况所进行的强制性的专门活动。

17. 检察机关侦查

检察机关在办理贪污贿赂犯罪案件，国家工作人员的渎职犯罪案件，国家机关工作人员利用职权实施的非法拘禁、刑讯逼供、报复陷害、非法搜查等侵犯公民人身权利的犯罪案件，侵犯公民民主权利的犯罪案件，以及省级以上人民检察院决定立案的国家机关工作人员利用职权实施的其他重大的犯罪案件过程中，依照法律进行的专门调查工作和有关强制性措施。

18. 侦查决策

侦查组织领导人员根据案件的条件和掌握的有关信息，围绕总体侦查目标和各个侦查阶段的具体任务，在诸多侦查方案中选取一个最佳方案的过程。

19. 侦查指挥

侦查组织领导人员通过下达命令、指示等形式，使系统内部各人的意志在总体侦查目标的指引下，服从统一意志，将侦查决策和计划变成全体成员的统一行动，使全体成员协同一致地完成侦查任务的行动过程。

20. 侦查谋略

侦查谋略就是侦查的计谋和策略。它是侦查人员在侦破案件活动中根据案情的需要，为达到有效侦结案件的目的而采取的灵活可行的斗争方式和处理问题的有效方法。

21. 侦查措施

为了收集证据，查清犯罪事实，查获犯罪嫌疑人，依照法律规定进行各种专门调查活动而采取的措施。

22. 物证、书证检查

侦查人员对侦查过程中已经收集的物品、痕迹和书面文字材料进行检查和验证，以确定该物品、痕迹和书面文字材料与犯罪案件事实之间的关系的一种侦查活动。

23. 侦查勘验

侦查人员依照法定程序对与犯罪有关的场所、物品、人身进行勘验、检查，以发现和收集犯罪活动所遗留下来的各种痕迹和物品的一种法定的侦查措施。

24. 现场勘查

侦查人员对发生犯罪或者发现犯罪痕迹、物证的特定地点、场所进行的勘验、检验和调查的一种侦查活动。

25. 文书勘验

运用专门的理论和方法，对与犯罪有关的各种文字材料的勘验、检查。

26. 司法会计勘验

侦查人员在对贪污贿赂犯罪案件的侦查中常用的一种技术手段，是在侦查人员的组织领导下依法对被查单位会计事项处理、会计资料和会计记录进行检查，以获取犯罪嫌疑人有罪或无罪的证据，确定犯罪事实是否成立的技术活动。

27. 侦查实验

侦查人员为了确定和判明与案件有关的某些事实或行为在某种情况下能否发生或怎样发生，而模拟原有条件实验性地重现一定事实情况的一种侦查活动。

28. 贪污贿赂案件侦查的查账

检查相关财务会计资料的查账活动和检查财务会计资料所应当控制的财务的查物活动。

29. 原始凭证

在经济业务发生或完成时取得或填制的，用以记录或证明经济业务的发生或完成情况的文字凭据。

30. 记账凭证

会计人员根据审核无误的原始凭证按照经济业务事项的内容加以归类，并据以确定会计分录后所填制的会计凭证。

31. 实物量检查

根据侦查需要，依法对案件涉及单位或个人尚存的某类或全部有形资产进行现场清点盘实，并制作勘验、检查笔录的查账活动。

32. 检察机关司法鉴定

在侦查贪污贿赂、渎职侵权等职务犯罪过程中，为查明案件事实，解决案件中某些专业性问题，检察机关依据职权，指派或委托具有专门知识的人对专门性问题进行科学鉴别和评定的一种技术活动。

33. 司法会计鉴定

运用司法会计学原理和方法，通过检查、计算、验证和鉴证，对会计凭证、会计账簿、会计报表和其他会计资料等财务状况进行鉴定的活动。

34. 文书司法鉴定

运用文件检验学的原理和技术，对文书的笔迹、印章、印文、文书的制作及工具、文书形成时间等问题进行鉴定。

35. 声像资料司法鉴定

运用物理学和计算机学的原理和技术，对录音带、录像带、磁盘、光盘、图片等载体上记录的声音、图像信息的真实性、完整性及其所反映的情况过程进行鉴定，并对记录的声音、图像中的语言、人体、物体作出种类或同一认定。

36. 技术侦查
因侦查犯罪的需要，根据法律的有关规定，经过严格的批准手续，而采取的秘密侦查技术手段，主要包括利用特殊科学技术手段和方法进行秘密监听、监视等。

37. 侦查技术
侦查活动过程中运用的各种技术的总称。贪污贿赂犯罪案件的侦查技术，是指检察机关反贪部门及其侦查人员，以一定的技术设备为依托，依法适用于贪污贿赂犯罪案件侦查活动之中的知识技能和操作技巧的总称。

38. 侦查文书
为依法履行犯罪侦查职能，实现侦查目的，在开展侦查活动的过程中制作的具有特定格式和特定效力或意义的各种公文的总称。

39. 侦查笔录
在依法侦查的过程中，特定人员（主要是参与侦查活动的书记员或办案人员）依法制作的客观反映侦查活动具体情况及结果的侦查文书。

40. 勘验、检查笔录
侦查人员依照法定程序对与犯罪有关的场所、物品、尸体、人身进行勘验或检查时，对勘验、检查内容和过程所制作的客观记录。

41. 调查笔录
侦查人员为查明案件事实情况，向公民或有关单位依法进行调查时，记载调查情况及过程的客观文字记录。

42. 侦查终结
人民检察院对于立案侦查的犯罪案件，经过一系列侦查活动，根据已查明的事实和证据，足以认定犯罪嫌疑人是否有罪和应否对其追究刑事责任而不需要继续侦查，或不具备继续侦查的条件时，决定结束侦查，而对案件提出处理意见或处理决定的一种诉讼活动。

43. 补充侦查

在原有侦查工作的基础上，对案件做进一步调查、补充证据的侦查活动。

44. 侦查人员的消极心理

侦查人员在长期的侦查讯问活动中，因特定的工作环境影响，逐渐形成的一种与应有的心理品质相反的偏执性心理。

45. 证人翻证

在办理贪污贿赂案件中，了解案件情况的人在向侦查机关陈述情况后又部分或全部推翻原来的陈述的行为。

46. 境外追逃

设法采用引渡或者其他替代手段将潜逃到或者藏匿在境外的犯罪嫌疑人遣返回国。

二、选择题

1. 分、州、市人民检察院办理直接立案侦查的案件，需要将属于本院管辖的案件指定下级人民检察院管辖的，应当（   ）。（**A**）

　　A. 报请上一级人民检察院批准

　　B. 报请本院检察委员会批准

　　C. 直接指定管辖

　　D. 征求下级人民检察院意见后指定

［解析］《人民检察院刑事诉讼规则（试行）》（以下简称《刑事诉讼规则》）第18条第3款规定："分、州、市人民检察院办理直接立案侦查的案件，需要将属于本院管辖的案件指定下级人民检察院管辖的，应当报请上一级人民检察院批准。"

2. 国家机关工作人员利用职权实施的其他重大犯罪案件，需要由人民检察院直接受理的时候，经（   ）人民检察院决定，可以由人民检察院立案侦查。（**B**）

　　A. 上一级　　　　　　　　　　B. 省级以上

　　C. 省级　　　　　　　　　　　D. 最高级

［解析］《刑事诉讼法》第18条第2款规定："对于国家机关工作人员利用职权实施的其他重大的犯罪案件，需要由人民检察院直接受理的时候，经省级以上人民检察院决定，可以由人民检察院立案侦查。"

3. 贪污贿赂案件的侦查管辖可分为：（　　）。（**ACDE**）

　A. 职能管辖　　　　　　　B. 协定管辖
　C. 地域管辖　　　　　　　D. 级别管辖
　E. 指定管辖

［解析］根据贪污贿赂犯罪案件的性质、犯罪行为地、犯罪嫌疑人的身份特征等情况，贪污贿赂案件的侦查管辖可分为职能管辖、级别管辖、地域管辖、专门管辖、指定管辖、移送管辖等。协定管辖不属于贪污贿赂案件的侦查管辖。

4. 回避规定的适用人员包括（　　）。（**ABCD**）

　A. 检察人员
　B. 书记员
　C. 司法警察
　D. 人民检察院聘请或者指派的翻译人和鉴定人

［解析］《刑事诉讼规则》第33条第1款规定："本规则关于回避的规定，适用于书记员、司法警察和人民检察院聘请或者指派的翻译人员、鉴定人。"

5. 辩护人、诉讼代理人向人民检察院提出有关申请、要求或者提交书面材料的，（　　）应当接收。（**A**）

　A. 案件管理部门　　　　　B. 控告申诉部门
　C. 侦查部门　　　　　　　D. 公诉部门

［解析］《刑事诉讼规则》第35条规定："辩护人、诉讼代理人向人民检察院提出有关申请、要求或者提交有关书面材料的，案件管理部门应当接受并及时移送相关办案部门或者与相关办案部门协调、联系，具体业务由办案部门负责办理，本规则另有规定的除外。"

6. 辩护律师持律师执业证书、律师事务所证明和委托书或者法律援助公函要求会见在押的犯罪嫌疑人、被告人的，看守所应当及时安排会见，至迟不得超过（　　）。（**B**）

　A. 24小时　　　B. 48小时　　　C. 3日　　　D. 5日

[解析]《刑事诉讼法》第37条第2款规定:"辩护律师持律师执业证书、律师事务所证明和委托书或者法律援助公函要求会见在押的犯罪嫌疑人、被告人的,看守所应当及时安排会见,至迟不得超过四十八小时。"

7. 辩护人涉嫌犯罪的,应当由(　　)办理。(**B**)
   A. 办理辩护人所承办案件的侦查机关
   B. 办理辩护人所承办案件的侦查机关以外的侦查机关
   C. 辩护律师所属律师事务所所在地的侦查机关
   D. 办理辩护律师所承办案件的侦查机关的上一级侦查机关

[解析]《刑事诉讼法》第42条第2款规定:"违反前款规定的,应当依法追究法律责任,辩护人涉嫌犯罪的,应当由办理辩护人所承办案件的侦查机关以外的侦查机关办理。辩护人是律师的,应当及时通知其所在的律师事务所或者所属的律师协会。"

8. 辩护人、诉讼代理人认为公安机关、人民检察院、人民法院及其工作人员阻碍其依法行使诉讼权利的,有权向同级或者上一级人民检察院(　　)申诉或者控告。(**D**)
   A. 案件管理部门　　　　　　B. 侦查监督部门
   C. 公诉部门　　　　　　　　D. 控告申诉部门

[解析]《刑事诉讼规则》第57条规定:"辩护人、诉讼代理人认为公安机关、人民检察院、人民法院及其工作人员具有下列阻碍其依法行使诉讼权利的行为之一的,可以向同级或者上一级人民检察院申诉或者控告,控告检察部门应当接受并依法办理,相关办案部门应当予以配合……"

9. 下列情形中,属于特别重大贿赂犯罪的是(　　)。(**ABC**)
   A. 涉嫌贿赂犯罪数额在50万元以上,犯罪情节恶劣的
   B. 有重大社会影响的
   C. 涉及国家重大利益的
   D. 国家机关工作人员涉嫌贿赂犯罪的

[解析]《刑事诉讼规则》第45条第2款规定:"有下列情形之一的,属于特别重大贿赂犯罪:(一)涉嫌贿赂犯罪数额在五十万元以上,犯罪情节恶劣的;(二)有重大社会影响的;(三)涉及国家重大利益的。"不包括国家机关工作人员涉嫌贿赂犯罪的情形。

10. 犯罪嫌疑人自（　　）之日起，有权委托辩护人。（AC）

　　A. 被侦查机关第一次讯问　　　　B. 接受侦查机关调查

　　C. 被采取强制措施　　　　　　　D. 被逮捕

[解析]《刑事诉讼法》第33条第1款规定："犯罪嫌疑人自被侦查机关第一次讯问或者采取强制措施之日起，有权委托辩护人；在侦查期间，只能委托律师作为辩护人。被告人有权随时委托辩护人。"

11. 下列情形中，犯罪嫌疑人、被告人没有委托辩护人的，人民法院、人民检察院和公安机关应当通知法律援助机构指派律师为其提供辩护：（　　）。（**ABC**）

　　A. 犯罪嫌疑人、被告人是盲、聋、哑人

　　B. 犯罪嫌疑人、被告人尚未完全丧失辨认或者控制自己行为能力的精神病人

　　C. 犯罪嫌疑人可能被判处无期徒刑、死刑的

　　D. 犯罪嫌疑人、被告人是外国人

[解析]《刑事诉讼法》第34条第2款、第3款规定，犯罪嫌疑人、被告人是盲、聋、哑人或者是尚未完全丧失辨认或者控制自己行为能力的精神病人以及可能被判处无期徒刑、死刑，没有委托辩护人的，人民法院、人民检察院和公安机关应当通知法律援助机构指派律师为其提供辩护。但没有规定，犯罪嫌疑人、被告人是外国人的，人民法院、人民检察院和公安机关应当通知法律援助机构指派律师为其提供辩护。

12. 下列人员中，不得被委托担任辩护人的是（　　）。（**BCD**）

　　A. 与本案有利害关系，但是犯罪嫌疑人近亲属的人

　　B. 处于缓刑考验期间的人

　　C. 限制行为能力的人

　　D. 同案犯已经委托的辩护人

[解析]《刑事诉讼规则》第38条规定，下列人员不得被委托担任辩护人："（一）人民法院、人民检察院、公安机关、国家安全机关、监狱的现职人员；（二）人民陪审员；（三）外国人或者无国籍人；（四）与本案有利害关系的人；（五）依法被剥夺、限制人身自由的人；（六）处于缓刑、假释考验期间或者刑罚尚未执行完毕的人；（七）无行为能力或者限制行为能力人。"但是，上述第（一）至（四）项规定的人员，如果是犯罪嫌疑人的近亲属或

者监护人,并且不属于第(五)至(七)项情形的,犯罪嫌疑人可以委托其担任辩护人。同时,1 名辩护人不得为两名以上同案犯罪嫌疑人辩护。

13. 现有证据不能证明(　　)的,有关侦查人员或者其他人员可以出庭说明情况。(**C**)

　　A. 犯罪事实　　　　　　　B. 证据真实性
　　C. 证据收集的合法性　　　D. 证据来源

[解析]《刑事诉讼法》第 57 条第 2 款规定,现有证据材料不能证明证据收集的合法性的,有关侦查人员或者其他人员可以要求出庭说明情况。

14. 下列材料中,属于证据的是(　　)。(**ACD**)

　　A. 鉴定意见　B. 鉴定结论　C. 辨认笔录　D. 电子数据

[解析]《刑事诉讼法》第 48 条规定,证据包括:"(一)物证;(二)书证;(三)证人证言;(四)被害人陈述;(五)犯罪嫌疑人、被告人供述和辩解;(六)鉴定意见;(七)勘验、检查、辨认、侦查实验笔录;(八)视听资料、电子数据。"2012 年新刑事诉讼法将 1996 年刑事诉讼法中证据种类的"鉴定结论"修改为"鉴定意见",且增加了辨认笔录和电子数据。

15. 需要播放的讯问录音、录像中,涉及下列(　　)内容,公诉人应当建议在法庭组成人员、公诉人、侦查人员、被告人及其辩护人范围内播放。(**ABC**)

　　A. 国家秘密　　　　　　　B. 商业秘密
　　C. 个人隐私　　　　　　　D. 其他犯罪线索

[解析]《刑事诉讼规则》第 75 条第 2 款规定:"需要播放的讯问录音、录像中涉及国家秘密、商业秘密、个人隐私或者含有其他不宜公开的内容的,公诉人应当建议在法庭组成人员、公诉人、侦查人员、被告人及其辩护人范围内播放。"而涉及其他犯罪线索的,人民检察院对讯问录音、录像的相关内容进行技术处理,公诉人应当向法庭作出说明。

16. 证据确实、充分需要符合的条件是(　　)。(**ABC**)

　　A. 定罪量刑的事实都有证据证明
　　B. 据以定案的证据均经法定程序查证属实
　　C. 综合全案证据,对所认定事实已排除合理怀疑
　　D. 有犯罪嫌疑人、被告人的供述

[解析]《刑事诉讼法》第53条第2款规定:"证据确实、充分,应当符合以下条件:(一)定罪量刑的事实都有证据证明;(二)据以定案的证据均经法定程序查证属实;(三)综合全案证据,对所认定事实已排除合理怀疑。"而法律明确规定,没有被告人供述,证据确实、充分的,可以认定被告人有罪和处以刑罚。

17. 人民检察院应当对证人、鉴定人、被害人采取以下一项或者多项保护措施:(　　)。(**ABCD**)

A. 不公开真实姓名、住址和工作单位等个人信息

B. 建议法庭采取不暴露外貌、真实声音等出庭作证措施

C. 禁止特定的人员接触证人、鉴定人、被害人及其近亲属

D. 对人身和住宅采取专门性保护措施

[解析]《刑事诉讼法》第62条规定,人民检察院应当对证人、鉴定人、被害人采取以下一项或者多项保护措施:"(一)不公开真实姓名、住址和工作单位等个人信息;(二)采取不暴露外貌、真实声音等出庭作证措施;(三)禁止特定的人员接触证人、鉴定人、被害人及其近亲属;(四)对人身和住宅采取专门性保护措施;(五)其他必要的保护措施。"

18. 在实行强制侦查法定主义的国家中,强制侦查行为只能在法律有明文规定的前提下才能采用,内容具体包括:(　　)。(**ABC**)

A. 只能采用法律明文规定的强制侦查行为

B. 必须遵守法律明文规定的程序

C. 采用强制侦查行为除紧急情况外,应事先经过司法机关批准并得到司法令状

D. 除逮捕需经检察机关批准外,均由法官决定

[解析] 强制侦查行为只能在法律有明文规定的前提下才能采用。具体包括三项内容:(1)侦查机关只能采用法律明文规定的强制侦查行为,法律没有规定的强制侦查行为绝对不能采用,这是程序法定原则在侦查程序中的具体体现。(2)侦查机关采用强制侦查行为,必须遵守法律明文规定的程序。(3)侦查机关采用强制侦查行为除紧急情况外,应事先经过司法机关批准并得到司法令状。且强制措施的采用,除逮捕需经检察机关批准外,也可以由公安机关、国家安全机关、法院等决定。

19. 为了规范和防止滥用羁押措施,羁押适用的原则是(　　)。(**ABC**)

A. 拘捕前置原则　　　　　　B. 一次性原则
C. 禁止重复逮捕和重复羁押原则　　D. 便宜侦查原则

[解析] 羁押性措施必须坚持拘捕前置原则，即只有采取拘留或逮捕强制措施，才能对犯罪嫌疑人采取羁押措施；一次性原则和禁止重复逮捕和重复羁押原则，即羁押性措施因同一犯罪事实对同一犯罪嫌疑人不可以重复适用，且羁押性措施的使用必须严格依法进行，不能以便宜侦查为原则。

20. 以下表述错误的有（　　）。（**ABC**）
A. 对于传唤到案接受讯问的犯罪嫌疑人不如实供述的，可以适用拘传
B. 适用拘传强制措施的，必须先行传唤
C. 在执行拘传时，应当使用手铐、警绳等械具
D. 拘传的到达地点是"指定地点"

[解析] 第一，人民法院、人民检察院和公安机关对未被拘留、逮捕的犯罪嫌疑人或者被告人，可以采用拘传强制措施，并没有规定犯罪嫌疑人不如实供述的，可以适用拘传；第二，拘传不以传唤为前提，根据案件需要，可以不经传唤直接拘传；第三，对抗拘传的，可以使用械具，强制到案，械具并非必须使用；第四，拘传的地点是犯罪嫌疑人所在市、县内的地点。

21. 拘传从（　　）时间开始计算。（**C**）
A. 签发拘传证　　　B. 向犯罪嫌疑人出示拘传证
C. 犯罪嫌疑人到案　D. 讯问开始

[解析]《刑事诉讼规则》第80条第1款规定，拘传持续的时间从犯罪嫌疑人到案时开始计算。

22. 案情特别重大、复杂，需要采取拘留、逮捕措施的，传唤、拘传持续时间不得超过（　　）。（**B**）
A. 12小时　　B. 24小时　　C. 48小时　　D. 72小时

[解析]《刑事诉讼法》第117条第2款规定："传唤、拘传持续的时间不得超过十二小时；案情特别重大、复杂，需要采取拘留、逮捕措施的，传唤、拘传持续的时间不得超过二十四小时。"

23. 拘留后，应当立即将被拘留人送看守所羁押，至迟不得超过（　　）。（**B**）
A. 12小时　　B. 24小时　　C. 48小时　　D. 当天

[解析]《刑事诉讼法》第83条第2款规定："拘留后，应当立即将被拘

留人送看守所羁押,至迟不得超过二十四小时。"

24. 人民检察院拘留犯罪嫌疑人的,羁押期限最长为( )。(**A**)
    A. 17 日   B. 14 日   C. 7 日   D. 3 日

[解析]《刑事诉讼规则》第 329 条规定:"犯罪嫌疑人已被拘留的,下级人民检察院侦查部门应当在拘留后七日以内报上一级人民检察院审查逮捕。上一级人民检察院应当在收到报请逮捕书后七日以内作出是否逮捕的决定,特殊情况下,决定逮捕的时间可以延长一日至三日。"即人民检察院拘留犯罪嫌疑人最长期限为 17 日。

25. 下列情形中,人民检察院可以决定拘留的是:( )。(**AB**)
    A. 犯罪后企图自杀、逃跑或者在逃的
    B. 有毁灭、伪造证据或者串供可能的
    C. 不讲真实姓名、住址,身份不明的
    D. 有流窜作案、多次作案、结伙作案重大嫌疑的

[解析]《刑事诉讼规则》第 129 条规定:"人民检察院对于有下列情形之一的犯罪嫌疑人,可以决定拘留:(一)犯罪后企图自杀、逃跑或者在逃的;(二)有毁灭、伪造证据或者串供可能的。"

26. 下列情形中,犯罪嫌疑人被拘留的,属于无法通知情形的是:( )。(**ABC**)
    A. 被拘留人无家属的
    B. 与其家属无法取得联系的
    C. 受自然灾害等不可抗力阻碍的
    D. 其他无法通知的情形

[解析]《刑事诉讼规则》第 133 条第 3 款规定:"无法通知包括以下情形:(一)被拘留人无家属;(二)与其家属无法取得联系的;(三)受自然灾害等不可抗力阻碍的。"

27. 下列情形中,不得采取取保候审强制措施的是:( )。(**AB**)
    A. 严重危害社会治安的犯罪嫌疑人
    B. 其他犯罪性质恶劣、情节严重的犯罪嫌疑人
    C. 可能判处管制、拘役的犯罪嫌疑人
    D. 贿赂犯罪嫌疑人

[解析]《刑事诉讼规则》第 84 条规定:"人民检察院对于严重危害社会治安的犯罪嫌疑人,以及其他犯罪性质恶劣、情节严重的犯罪嫌疑人不得取保候审。"

28. 符合取保候审条件,但有下列情形之一的犯罪嫌疑人,人民检察院决定取保候审时,可以责令其提供 1—2 名保证人:(　　)。(**BCD**)
   A. 系职务犯罪案件犯罪嫌疑人　　B. 无力交纳保证金的
   C. 未成年人　　D. 已满 75 周岁的人

[解析]《刑事诉讼规则》第 87 条第 3 款规定:"对符合取保候审条件,具有下列情形之一的犯罪嫌疑人,人民检察院决定取保候审时,可以责令其提供一至二名保证人:(一)无力交纳保证金的;(二)系未成年人或者已满七十五周岁的人;(三)其他不宜收取保证金的。"其中不包括职务犯罪案件嫌疑人的情形。

29. 取保候审保证人的条件是:(　　)。(**ABCD**)
   A. 与本案无牵连
   B. 有能力履行保证义务
   C. 享有政治权利,人身自由未受到限制
   D. 有固定住处和收入

[解析]《刑事诉讼法》第 67 条规定:"保证人必须符合下列条件:(一)与本案无牵连;(二)有能力履行保证义务;(三)享有政治权利,人身自由未受限制;(四)有固定的住处和收入。"

30. 人民法院、人民检察院和公安机关可以根据案件情况,责令被取保候审的犯罪嫌疑人、被告人遵守以下一项或者多项规定:(　　)。(**ABCD**)
   A. 不得进入特定的场所
   B. 不得与特定的人员会见或者通信
   C. 不得从事特定的活动
   D. 将护照等出入境证件、驾驶证件交执行机关保存

[解析]《刑事诉讼法》第 69 条第 2 款规定:"人民法院、人民检察院和公安机关可以根据案件情况,责令被取保候审的犯罪嫌疑人、被告人遵守以下一项或者多项规定:(一)不得进入特定的场所;(二)不得与特定的人员会见或者通信;(三)不得从事特定的活动;(四)将护照等出入境证件、驾驶证件交执行机关保存。"

31. 犯罪嫌疑人有下列违反取保候审规定的行为，人民检察院应当对犯罪嫌疑人予以逮捕：（　　）。(**ABCD**)

　A. 故意实施新的犯罪的

　B. 企图自杀、逃跑，逃避侦查、审查起诉的

　C. 实施毁灭、伪造证据，串供或者干扰证人作证，足以影响侦查、审查起诉工作正常进行的

　D. 对被害人、证人、举报人、控告人及其他人员实施打击报复的

[解析]《刑事诉讼规则》第100条规定："犯罪嫌疑人有下列违反取保候审规定的行为，人民检察院应当对犯罪嫌疑人予以逮捕：（一）故意实施新的犯罪的；（二）企图自杀、逃跑，逃避侦查、审查起诉的；（三）实施毁灭、伪造证据，串供或者干扰证人作证，足以影响侦查、审查起诉工作正常进行的；（四）对被害人、证人、举报人、控告人及其他人员实施打击报复的。"

32. 贪污贿赂案件侦查中保证金制度的主要内容是：（　　）。(**ABCDE**)

　A. 犯罪嫌疑人向法定单位交纳一定数额的金钱作为担保，保证随传随到，不逃避或者妨碍侦查活动，经人民检察院批准，对犯罪嫌疑人取保候审

　B. 保证金由犯罪嫌疑人交纳

　C. 保证金应当以人民币交纳

　D. 人民检察院应当以足以保证被取保候审人不逃避、妨碍刑事诉讼活动为原则，综合考虑犯罪嫌疑人的社会危险性、案件的性质、情节、可能判处刑罚的轻重、犯罪嫌疑人的经济状况、当地的经济发展水平等情况，确定保证金的数额

　E. 取保候审的保证金由取保候审的执行机关即县以上公安机关收取和保管

[解析] 财产保又称保证金制度，是指犯罪嫌疑人向法定单位交纳一定数额的金钱作为担保，保证随传随到，不逃避或者妨碍侦查活动，经人民检察院批准，对犯罪嫌疑人取保候审的方式。犯罪嫌疑人交纳财产保的保证金，排除了被取保人之外的人交纳的情形，且应当以人民币的形式交纳。取保候审的保证金由取保候审的执行机关即县级以上的公安机关收取和保管。

33. 对于下级人民检察院报请指定居所监视居住的案件，由（　　）对决定是否合法进行监督。(**A**)

A. 上一级人民检察院侦查监督部门

B. 同级人民检察院公诉部门

C. 同级人民检察院侦查监督部门

D. 上一级人民检察院侦查部门

[解析]《刑事诉讼规则》第118条第2款规定："对于下级人民检察院报请指定居所监视居住的案件，由上一级人民检察院侦查监督部门依法对决定是否合法进行监督。"

34. 对于公安机关决定指定居所监视居住的案件，由（　　）对决定是否合法进行监督。（**B**）

A. 作出批准决定公安机关

B. 作出批准决定公安机关的同级人民检察院侦查监督部门

C. 作出批准决定公安机关的同级人民检察院公诉部门

D. 作出批准决定公安机关的上级人民检察院侦查监督部门

[解析]《刑事诉讼规则》第118条第3款规定："对于公安机关决定指定居所监视居住的案件，由作出批准决定公安机关的同级人民检察院侦查监督部门依法对决定是否合法进行监督。"

35. 对于人民法院因被告人无固定住所而指定居所监视居住的，由（　　）对决定是否合法进行监督。（**C**）

A. 上一级人民检察院侦查监督部门

B. 同级人民检察院侦查监督部门

C. 同级人民检察院公诉部门

D. 上一级人民检察院公诉部门

[解析]《刑事诉讼规则》第118条第4款规定："对于人民法院因被告人无固定住处而指定居所监视居住的，由同级人民检察院公诉部门依法对决定是否合法进行监督。"

36. 指定的居所应当符合的条件是：（　　）。（**BCD**）

A. 与外界完全隔离

B. 具备正常的生活、休息条件

C. 便于监视、管理

D. 能够保证办案安全

[解析]《刑事诉讼规则》第110条第5款规定："指定的居所应当符合下

列条件：(一)具备正常的生活、休息条件；(二)便于监视、管理；(三)能够保证办案安全。"没有关于指定的居所需要与外界完全隔离的规定。

37. 下列情形中，任何公民都可以立即扭送公安机关、人民检察院或者人民法院处理的是：(　　)。(**ABCD**)

　　A. 正在实施犯罪或者犯罪后即时被发觉的
　　B. 通缉在案的
　　C. 越狱逃跑的
　　D. 正在被追捕的

[解析]《刑事诉讼法》第82条规定："对于有下列情形的人，任何公民都可以立即扭送公安机关、人民检察院或者人民法院处理：(一)正在实施犯罪或者犯罪后即时被发觉的；(二)通缉在案的；(三)越狱逃跑的；(四)正在被追捕的。"

38. (　　)干部的要案线索一律报最高人民检察院举报中心备案。(**C**)

　　A. 科级　　　　　　　　　　B. 县、处级
　　C. 厅、局级以上　　　　　　D. 副部级以上

[解析]《刑事诉讼规则》第163条规定，厅、局级以上干部的要案线索一律报最高人民检察院举报中心备案。

39. 下列案件线索，由侦查部门自行审查，无须移送举报中心的是(　　)。(**CD**)

　　A. 县、处级以上干部的要案线索
　　B. 署名举报案件线索
　　C. 有关机关或者部门移送人民检察院审查是否立案的案件线索
　　D. 人民检察院侦查部门发现的案件线索

[解析]《刑事诉讼规则》第161条第2款规定："有关机关或者部门移送人民检察院审查是否立案的案件线索和人民检察院侦查部门发现的案件线索，由侦查部门自行审查。"

40. 线索管理的程序是(　　)。(**ADE**)

　　A. 举报中心统一对外受理线索
　　B. 检察长统一监督
　　C. 举报中心区别情况统一对外反馈

D. 线索统一登记造册，实行专人负责制
E. 初查结案后统一归档于举报中心

［解析］线索管理的程序有四：第一，举报中心统一对外受理线索；第二，实行检察长统一审批；第三，线索统一登记造册，实行专人负责制；第四，举报中心统一对外反馈。侦查部门在规定的时间内办结后反馈给举报中心。因此，线索管理程序中，由检察长对案件线索进行统一审批而非监督。侦查部门办结后反馈给举报中心，由举报中心统一对外答复举报人。

41. 涉及县处级以上国家工作人员涉嫌职务犯罪的要案线索，应当在受理举报线索后（　　）内填写《检察机关要案材料移送、备案报表》，向上级人民检察院移送或者备案。（**D**）

A. 1 日　　　　B. 3 日　　　　C. 5 日　　　　D. 10 日

［解析］《人民检察院举报工作规定》第23条规定，人民检察院实行举报线索分级管理制度。涉及县处级以上国家工作人员涉嫌职务犯罪的要案线索，应当在受理举报线索后10日内填写《检察机关要案材料移送、备案报表》，向上级人民检察院移送或者备案。

42. 对于上级人民检察院交办的举报线索，一般应当在（　　）内办结。（**B**）

A. 1 个月　　　B. 3 个月　　　C. 6 个月　　　D. 1 年

［解析］《人民检察院举报工作规定》第40条规定，对上级人民检察院交办的举报线索，一般应当在3个月内办结。

43. 立案这一诉讼阶段的主要内容包括（　　）。（**ABD**）
A. 接受报案、控告、举报和自首
B. 对报案、控告、举报和自首等方面的材料进行审查
C. 判明是否追究刑事责任以及可能追究何种具体刑事责任
D. 决定是否立案

［解析］立案这一诉讼阶段包含四方面内容：(1) 接受报案、控告、举报和自首；(2) 对报案、控告、举报和自首等方面的材料进行审查；(3) 判明是否认为有犯罪事实需要追究刑事责任；(4) 决定是否立案。立案阶段并没有规定需要判明可能追究何种具体刑事责任。

44. 理解"认为有犯罪事实"应当明确（　　）。（**ADE**）

A. 是犯罪的事实
B. 认为可能有一定证据证明的犯罪事实
C. 犯罪事实严重到一定程度
D. 是"认为"有犯罪事实
E. 证据的证明力达到"认为有犯罪事实"的程度

[解析] "认为有犯罪事实"的理解要明确以下几点：一是犯罪的事实。二是"认为"有犯罪事实，而非"确实"有犯罪事实。它是检察机关对犯罪事实的一种主观认识，它与"确实"的犯罪事实相比还存在一定的或然性。三是有一定证据证明的犯罪事实，即检察机关的"认为"（主观认识）必须建立在一定的证据之上，而非出于随意猜测和主观臆断，认为可能有一定证据证明的犯罪事实。四是证据的证明力达到"认为有犯罪事实"的程度。

45. 侦查决策的基本步骤主要包括（　　）。（**ABDE**）
A. 发现问题　　　　　　B. 确定侦查目标
C. 请示汇报　　　　　　D. 拟定侦查方案
E. 选择侦查方案

[解析] 反贪污贿赂侦查决策活动可以划分为发现问题、确定侦查目标、拟定侦查方案和选择侦查方案四个基本步骤。

46. 侦查指挥中队伍激励的方式主要包括（　　）。（**ACDE**）
A. 目标激励　　　　　　B. 升职激励
C. 信任激励　　　　　　D. 物质激励
E. 惩罚激励

[解析] 队伍激励的主要方式包括目标激励、信任激励、情感激励、荣誉激励、物质激励和惩罚激励等。

47. 从当前实践看，侦查指挥员与侦查队伍要着重处理的关系有（　　）。（**BDE**）
A. 指挥与服从的关系　　B. 指挥与服务的关系
C. 指挥与学习的关系　　D. 指挥与教育的关系
E. 指挥与管理的关系

[解析] 侦查指挥员与侦查队伍要着重处理的关系包括指挥与教育的关系、指挥与管理的关系、指挥与服务的关系。

48. 侦查一体化中统一指挥主要采取的方式有（　　）。(**BD**)
    A. 直办制度　　　　　　　　B. 交办制度
    C. 协调制度　　　　　　　　D. 指定异地管辖制度
    [解析] 侦查一体化机制中统一指挥主要采取的方式有参办、督办、交办、提办和指定管辖。

49. 侦查对策的特征是（　　）。(**ABE**)
    A. 主体特定性　　　　　　　B. 客体复杂性
    C. 实践性　　　　　　　　　D. 权威性
    E. 针对性
    [解析] 侦查对策的特征包括主体特定性、客体复杂性和针对性。

50. 讯问职务犯罪案件犯罪嫌疑人时，应当告知犯罪嫌疑人享有的权利包括（　　）。(**ABCD**)
    A. 有权利委托辩护律师
    B. 如实供述自己罪行可以依法从宽处理
    C. 与本案无关的问题，有权拒绝回答
    D. 知晓讯问被录音、录像的权利
    [解析]《刑事诉讼法》第33条第2款规定，侦查机关在第一次讯问犯罪嫌疑人时，应当告知其有权委托辩护律师；第118条第2款规定，侦查人员在讯问犯罪嫌疑人的时候，应当告知其如实供述自己罪行可以从宽处理的法律规定。《刑事诉讼规则》第197条规定，犯罪嫌疑人对侦查人员的提问，应当如实回答，但对与本案无关的问题，有拒绝回答的权利；讯问犯罪嫌疑人时，应当告知犯罪嫌疑人将对讯问进行全程同步录音、录像，告知情况应当在录音、录像中予以反映，并记明笔录。

51. 对于（　　）案件，应当对讯问过程进行录音或者录像。(**ABD**)
    A. 可能判处无期徒刑的　　　B. 可能判处死刑的
    C. 可能判处有期徒刑以上的　D. 其他重大犯罪
    [解析]《刑事诉讼法》第121条规定，对于可能被判处无期徒刑、死刑的案件或者其他重大犯罪案件，应当对讯问进行录音或者录像。

52. 贪污贿赂犯罪案件侦查适用录音录像技术的依据是（　　）。(**ABCD**)

A.《中华人民共和国刑事诉讼法》

B.《人民检察院刑事诉讼规则（试行）》

C.《人民检察院讯问室的设置和使用管理办法》

D.《人民检察院讯问职务犯罪嫌疑人实行全程同步录音录像的规定（试行）》

[解析] 刑事诉讼法、《刑事诉讼规则》、《人民检察院讯问室的设置和使用管理办法》、《人民检察院讯问职务犯罪嫌疑人实行全程同步录音录像的规定（试行）》均对贪污贿赂犯罪案件侦查使用录音录像技术作出规定。

53. 询问证人，可以在（　　）进行。（**ABCD**）

A. 现场 　　　　　　　　B. 证人所在单位

C. 证人住所 　　　　　　D. 证人提出的地点

[解析]《刑事诉讼法》第122条规定，询问证人，可以在现场进行，也可以到证人所在单位、住处或者证人提出的地点进行。

54. 在执行逮捕、拘留的时候，遇有下列紧急情况的，不另用搜查证也可以进行搜查：（　　）。（**ABCD**）

A. 可能随身携带凶器的

B. 可能隐藏爆炸、剧毒等危险物品的

C. 可能隐匿、毁弃、转移犯罪证据的

D. 可能隐匿其他犯罪嫌疑人的

[解析]《刑事诉讼规则》第224条第1款规定："在执行逮捕、拘留的时候，遇有下列紧急情况之一，不另用搜查证也可以进行搜查：（一）可能随身携带凶器的；（二）可能隐藏爆炸、剧毒等危险物品的；（三）可能隐匿、毁弃、转移犯罪证据的；（四）可能隐匿其他犯罪嫌疑人的；（五）其他紧急情况。"

55. 下列侦查活动，须有见证人在场的是（　　）。（**ABC**）

A. 勘验现场 　　　　　　B. 查封、扣押财物、文件

C. 搜查 　　　　　　　　D. 调取物证原物

[解析]《刑事诉讼规则》第210条第2款规定，勘验现场，由参加勘验的人和见证人签名；第236条第1款规定，对于查封、扣押的财物和文件，检察人员应当会同在场见证人查点清楚；第229条规定的，搜查情况应当制作笔录，由检察人员和被搜查人或者其家属、邻居或者其他见证人签名或者盖章。

调取物证原物无须见证人在场。

56. 批准使用技术侦查措施的有效期限是自批准决定签发之日起（　　）内。(**C**)

A. 1 个月　　　B. 2 个月　　　C. 3 个月　　　D. 6 个月

[解析]《刑事诉讼法》第 149 条规定，人民检察院采取技术侦查措施的，批准决定自签发之日起 3 个月内有效。

57. 技术侦查的特点有：（　　）。(**ABD**)

A. 技术性　　　　　　　　B. 秘密性

C. 灵活性　　　　　　　　D. 强制性

[解析] 技术侦查的特点包括技术性、秘密性、强制性，而技术侦查措施的使用必须严格按照法律规定的条件、程序、种类进行使用，不得灵活应用。

58. 决定撤销案件的，侦查部门应当将撤销案件意见书连同本案全部案卷材料，在法定期限届满 7 日前报（　　）审。(**D**)

A. 本院侦查监督部门　　　　B. 本院公诉部门

C. 省级人民检察院　　　　　D. 上一级人民检察院

[解析]《刑事诉讼规则》第 291 条规定，检察长或者检察委员会决定撤销案件的，侦查部门应当将撤销案件意见书连同本案全部案卷材料在法定期限届满 7 日前报上一级人民检察院审查。

59. 对犯罪嫌疑人采取取保候审、监视居住、拘留或者逮捕措施的，侦查部门应当在（　　）提出移送审查起诉、移送审查不起诉或者撤销案件的意见。(**B**)

A. 立案后 2 年以内

B. 解除或者撤销强制措施后 1 年以内

C. 立案后 1 年以内

D. 解除或者撤销强制措施后 2 年以内

[解析]《刑事诉讼规则》第 301 条规定，对犯罪嫌疑人采取取保候审、监视居住、拘留或者逮捕措施的，侦查部门应当在解除或者撤销强制措施后 1 年以内提出移送审查起诉、移送审查不起诉或者撤销案件的意见。

60. 人民检察院在侦查过程中或者侦查终结后，发现具有下列情形之一

的，侦查部门应当制作拟撤销案件意见书，报请检察长或者检察委员会决定：（　　）。（**ABC**）

A. 具有《刑事诉讼法》第 15 条规定情形之一的
B. 没有犯罪事实的，或者依照刑法规定不负刑事责任或者不是犯罪的
C. 虽有犯罪事实，但不是犯罪嫌疑人所为的
D. 可能被判处定罪免刑的

[解析]《刑事诉讼规则》第 290 条第 1 款规定："人民检察院在侦查过程中或者侦查终结后，发现具有下列情形之一的，侦查部门应当制作拟撤销案件意见书，报请检察长或者检察委员会决定：（一）具有刑事诉讼法第十五条规定情形之一的；（二）没有犯罪事实的，或者依照刑法规定不负刑事责任或者不是犯罪的；（三）虽有犯罪事实，但不是犯罪嫌疑人所为的。"

61. 人民检察院侦查部门侦查终结，需要移送审查起诉的，应当移送的材料包括：（　　）。（**BCD**）

A. 不起诉意见书
B. 起诉意见书
C. 查封、扣押、冻结的犯罪嫌疑人的财物
D. 查封、扣押、冻结的涉案款物的处理意见

[解析]《刑事诉讼规则》第 287 条规定，人民检察院侦查部门侦查终结，需要移送审查起诉的，应当将起诉意见书，查封、扣押、冻结的犯罪嫌疑人的财物及孳息、文件清单及对查封、扣押、冻结的涉案款物的处理意见和其他案卷材料，一并移送本院公诉部门审查。

62. 侦查终结的特点是：（　　）。（**ABC**）

A. 侦查终结是侦查程序的最后一道工序，标志着侦查活动的结束
B. 侦查终结是侦查阶段与起诉阶段的连接点
C. 侦查终结的决定权归属侦查主体即侦查机关
D. 案件中犯罪事实清楚，证据确实、充分

[解析] 侦查终结的特点包括：第一，侦查终结是侦查程序的最后一道工序，标志着侦查活动的结束。第二，侦查终结是侦查阶段与起诉阶段的连接点。第三，侦查终结的决定权归属侦查主体即侦查机关。《刑事诉讼规则》第 286 条第 1 款规定，人民检察院经过侦查，认为犯罪事实清楚，证据确实、充分，依法应当追究刑事责任的案件，应当写出侦查终结报告，并制作起诉意见书。D 选项只有犯罪事实清楚，证据确实、充分。

63. 下级人民检察院报请逮捕的，报送案件材料、送达法律文书的在途时间（　　）。（**C**）

A. 不予计算

B. 由下级检察院与上一级检察院协商计算

C. 计算在上一级人民检察院审查逮捕期限以内

D. 计算在下级人民检察院报送审查逮捕材料期限以内

[**解析**]《刑事诉讼规则》第329条第2款规定，报送案卷材料、送达法律文书的路途时间计算在上一级人民检察院审查逮捕期限以内。

64. 上一级人民检察院审查报请逮捕的案件时，需要讯问未被采取强制措施的犯罪嫌疑人的，讯问前应当征求（　　）意见。（**C**）

A. 同级人民检察院侦查部门

B. 同级人民检察院公诉部门

C. 下级人民检察院侦查部门

D. 下级人民检察院侦查监督部门

[**解析**]《关于省级以下人民检察院立案侦查的案件由上一级人民检察院审查决定逮捕的规定（试行）》第3条第2款规定，对未被采取强制措施的犯罪嫌疑人，讯问前应当征求下级人民检察院侦查部门的意见。

65. 目前我国在境外追逃方面，主要依靠的方式有：（　　）。（**ADE**）

A. 引渡　　　　　　　　B. 外交途径

C. 国际刑警组织　　　　D. 劝返

E. 遣返

[**解析**] 我国在境外追逃方面，主要依靠引渡、遣返、劝返等正式和非正式的国际警务、检务、司法合作措施，通常采用外交途径和国际刑警组织刑事司法协助等渠道。外交途径和国际刑警组织是境外追逃的渠道。

66. 协助调查取证的人民检察院应当在收到函件后（　　）内将调查结果送达请求的人民检察院。（**A**）

A. 1个月　　B. 2个月　　C. 3个月　　D. 半个月

[**解析**]《刑事诉讼规则》第232条第2款规定，协助调查取证的人民检察院应当在收到函件后一个月内将调查结果送达请求的人民检察院。

67. 检察机关一旦发现犯罪嫌疑人潜逃，应采取（   ）方式尽量在境内缉捕到犯罪嫌疑人。（**ABC**）

　　A. 上网追逃

　　B. 办理边控

　　C. 商请有关机关使用技侦手段实施侦控

　　D. 发动群众

　　E. 全方位搜查

　　[解析] 检察机关一旦发现犯罪嫌疑人潜逃，首先要搜集有关情报信息，判断可能潜逃的方向、隐藏地点，制定相应的追逃策略。同时，加强与公安、海关、安全等部门协作，采取上网追逃、办理边控、商请公安、国家安全机关对其可能与之联系的通信工具使用技侦手段实施侦控等措施，尽量在境内缉捕到犯罪嫌疑人。

68. 防范犯罪嫌疑人向境外转移资产的主要措施有：（   ）。（**ACDE**）

　　A. 扣押　　　　　　B. 没收　　　　　　C. 冻结

　　D. 加强与金融、外汇等部门的协作　　　E. 查封

　　[解析] 防范犯罪嫌疑人向境外转移资产的主要措施包括：扣押、冻结、查封、发挥金融机构在对外资金流动中的监督和管理作用等措施。

69. 追逃工作需注意保证哪几个方面的安全：（   ）。（**AB**）

　　A. 自身安全　　　　　　B. 逃犯安全

　　C. 信息安全　　　　　　D. 设备安全

　　[解析] 追逃工作需注意保证自身安全和逃犯安全。

70. 追逃工作需注意的问题主要有：（   ）。（**ABCD**）

　　A. 依法追捕　　　　　　B. 保证安全

　　C. 严守秘密　　　　　　D. 行动迅速

　　[解析] 追逃工作需注意依法追捕、保证安全、严守秘密、行动迅速。

71. 反贪侦查人员在侦查实践中常见的消极心理主要有：（   ）。（**ABCD**）

　　A. 焦躁心理　　　　　　B. 偏执心理

　　C. 畏难心理　　　　　　D. 厌战心理

　　[解析] 反贪侦查人员在侦查实践中常见的消极心理包括焦躁心理、偏执

心理、畏难心理、对立心理和厌战心理。

72. 规避型反侦查活动主要有：（　　）。（**BCDE**）
   A. 逃跑国外
   B. 规避法律
   C. 在赃款去向上鱼目混珠，掩人耳目
   D. 貌似合法，实则违法的行为
   E. 以小罪行掩盖大犯罪的行为

[解析] 规避型反侦查活动是指故意利用法律的漏洞或者故意回避犯罪的某一构成要件从事某些活动，达到为个人谋利的目的。主要包括在赃款去向上鱼目混珠，掩人耳目；貌似合法，实则违法的行为；以小罪行掩盖大犯罪的行为等。

73. 逃避型反侦查活动主要有：（　　）。（**ABCD**）
   A. 逃跑或隐匿　　　　　B. 拒供、谎供、翻供
   C. 拒不返赃　　　　　　D. 自杀或自残

[解析] 逃避型反侦查活动指犯罪分子采用逃跑、拒供等消极的方式阻碍侦查活动正常进行的行为。包括逃跑或隐匿，拒供、谎供、翻供，拒不返赃，自杀或自残。

74. 犯罪嫌疑人拒供的原因主要有：（　　）。（**CDE**）
   A. 掌握一定法律知识
   B. 维权意识强
   C. 基于惧怕罪行暴露而存在的畏罪心理
   D. 基于认为自己的罪行特别严重，可能被判处无期徒刑或死刑，对未来丧失信心而存在的绝望心理
   E. 基于对侦查人员讯问方法不当产生抵触情绪而存在的逆反心理

[解析] 犯罪嫌疑人拒供的原因包括：第一，基于惧怕罪行暴露而存在的畏罪心理；第二，基于过高地估计关系网和"保护伞"的作用而存在的优势心理；第三，基于盲目自信，认为自己作案手段诡秘、隐蔽而存在的侥幸心理；第四，基于认为自己的罪行特别严重，可能被判处无期徒刑或死刑，对未来丧失信心而存在的绝望心理；第五，基于对侦查人员讯问方法不当产生抵触情绪而存在的逆反心理。

三、填空题

1. 对于一人犯数罪、**共同犯罪**、**多个犯罪嫌疑人实施的犯罪**相互关联，并案处理有利于查明案件事实和诉讼进行的，人民检察院可以对相关犯罪案件并案处理。

2. 国家工作人员职务犯罪案件，由**犯罪嫌疑人工作单位所在地的人民检察院**管辖；几个人民检察院都有权管辖的案件，由**最初受理的人民检察院**管辖。

3. 人民检察院直接受理案件的**侦查人员**、**进行补充侦查的人员**在回避决定作出以前或者复议期间，不得停止对案件的侦查。

4. 犯罪嫌疑人拒绝法律援助机构指派的律师作为辩护人的，人民检察院应当**查明拒绝的原因**，有正当理由的，予以准许，但犯罪嫌疑人需**另行委托辩护人**。

5. 自案件移送审查起诉之日起，人民检察院应当允许辩护律师查阅、摘抄、复制本案的案卷材料，包括案件的**诉讼文书**和**证据材料**。

6. 辩护人收集的有关犯罪嫌疑人不在犯罪现场、未达到刑事责任年龄、**属于依法不负刑事责任的精神病人**的证据，应当及时告知公安机关、人民检察院。

7. 审判人员、检察人员、侦查人员必须依照法定程序，收集能够证实犯罪嫌疑人、被告人**有罪**或者**无罪**、**犯罪情节轻重**的各种证据。严禁**刑讯逼供**和以**威胁**、**引诱**、**欺骗**以及其他非法方法收集证据，不得**强迫任何人证实自己有罪**。

8. 采取刑讯逼供等非法方法收集的犯罪嫌疑人、被告人供述和采取暴力、威胁等非法方法收集的证人证言、被害人陈述，应当**予以排除**。收集物证、**书证**不符合法定程序，可能严重影响司法公正的，应当予以**补正或者作出合理解释**，不能的，对该证据应当予以排除。

9. 对非法证据的调查核实，侦查阶段由**侦查监督部门**负责；审查起诉、审判阶段由**公诉部门**负责。必要时，**渎职侵权检察**部门可以派员参加。

10. 人民检察院拘传犯罪嫌疑人，应当在**犯罪嫌疑人所在市、县内**的地点进行。

11. 犯罪嫌疑人的**工作单位**与**居住地**不在同一市、县的，拘传应当在**犯罪嫌疑人工作单位**所在的市、县进行；特殊情况下，也可以在**犯罪嫌疑人居住地**所在的市、县进行。

12. 担任**县级**以上人民代表大会代表的犯罪嫌疑人因**现行犯**被拘留的，人民检察院应当立即向该代表所属的**人民代表大会主席团**或者**常务委员会**报告。

13. 监视居住应当**在犯罪嫌疑人、被告人的住处**执行；无固定住处的，可以在**指定的居所**执行。对于涉嫌危害国家安全犯罪、恐怖活动犯罪、**特别重大贿赂**犯罪，在住处执行可能有碍侦查的，经**上一级人民检察院或者公安机关**批准，也可以在**指定的居所**执行。但是，不得在**羁押场所**、**专门的办案场所**执行。

14. 执行机关对被监视居住的犯罪嫌疑人、被告人，可以采取**电子监控**、**不定期检查**等监视方法对其遵守监视居住规定的情况进行监督。

15. 逮捕后，应当立即将被逮捕人送**看守所**羁押。

16. 需要逮捕担任政协委员的犯罪嫌疑人的，人民检察院应当向**该委员所属的政协组织**通报情况。

17. 对于侦查机关、下级人民检察院移送的审查逮捕、审查起诉、延长侦查羁押期限、申请强制医疗、申请没收违法所得、提出或者提请抗诉、报请指定管辖等案件，由人民检察院**案件管理**部门统一受理。

18. **县、处级**干部的要案线索一律报省级人民检察院举报中心备案，其中**涉嫌犯罪数额特别巨大或者犯罪后果特别严重的**，层报最高人民检察院举报中心备案。

19. 侦查部门收到举报中心移送的举报线索，应当在**3个月**内将处理情况回复举报中心。下级人民检察院接到上级人民检察院移送的举报材料后，应当在**3个月**内将处理情况回复上级人民检察院举报中心。

20. 侦查部门在侦查中发现的**需要另案处理**的线索，一般应当在2个月内向本院举报中心**通报**。对暂时不具备**查办价值**的举报线索，应当每月向举报中心集中通报一次。经过初查**不予立案**的举报线索，应当在1个月内**移送**举报中心。

21. 上级人民检察院举报中心可以代表本院向下级人民检察院交办举报线索。交办前，应当向有关**侦查**部门通报。

22. 下级人民检察院在办理上级人民检察院交办或者指定管辖的案件过程中，发现不属于本院管辖的其他职务犯罪案件线索，应当报送**最初作出交办或者指定管辖决定的上级人民检察院**依法处理。

23. 在刑罚执行和监管活动中发现的应当由人民检察院直接立案侦查的案件线索，由**监所检察**部门负责。对于重大、复杂的案件线索，可以商请**侦查**部门协助初查。

24. 初查一般应当**秘密**进行，不得擅自接触初查对象。

25. 对于**实名**举报案件线索，经初查决定不立案的，侦查部门应当制作不立案通知书，写明案由和案件来源、决定不立案的理由和法律依据，连同举报材料和调查材料，自作出不立案决定之日起10日以内送本院举报中心，由举报中心**答复举报人**。

26. 人民检察院决定不予立案的，如果是被害人控告的，应当制作不立案通知书，写明案由和案件来源、决定不立案的理由和法律依据，由**侦查**部门在15日以内送达控告人，同时告知本院**控告检察**部门。

27. 对于属于错告的，如果对被控告人、被举报人造成不良影响的，应当自作出决定之日起**1个月**内向其所在单位或者有关部门通报初查结论，澄清事实。

28. 人民检察院直接立案侦查的案件，在决定立案之日起 3 日以内，将**立案备案登记表**、**提请立案报告**和**立案决定书**一并报送上一级人民检察院备案。

29. 人民检察院决定不予立案的，控告人对不立案决定的复议，由人民检察院**控告检察**部门受理。

30. 对于不需要逮捕、拘留的犯罪嫌疑人，经检察长批准，可以传唤到**犯罪嫌疑人所在市、县内的指定地点**或者到**他的住处**进行讯问。

31. 讯问聋、哑或不通晓当地通用语言文字的人，人民检察院应当为其聘请通晓聋、哑手势或者当地语言文字且**与本案无利害关系**的人员进行翻译。

32. 对于应当查封的不动产和置于该不动产上不宜移动的设施、家具和其他相关财物，可以扣押其**权利证书**，经拍照或者录像后**原地封存**。

33. 扣押、冻结债权、股票、基金份额等财产的，应当书面告知当事人或者其法定代理人、委托代理人有权**申请出售**。

34. 人民检察院在立案后，对于涉案数额在**10 万元以上**、**采取其他方法难以收集证据**的重大贪污、贿赂犯罪案件和利用职权实施的严重侵犯公民人身权利的重大犯罪案件，经过严格的批准手续，可以采取技术侦查措施，交有关机关执行。

35. 追捕被通缉或者批准、决定逮捕的在逃的犯罪嫌疑人、被告人，经过批准，可以采取**追捕所必需**的技术侦查措施。

36. 在案件侦查终结前，辩护律师提出要求的，侦查机关应当**听取辩护律师的意见**，并**记录在案**。辩护律师提出书面意见的，应当**附卷**。

37. 人民检察院办理的案件，办结后需要向其他单位移送案卷材料的，统一由**案件管理**部门审核移送材料是否规范、齐备。

38. 省级以下（不含省级）人民检察院直接受理立案侦查的案件，需要逮捕犯罪嫌疑人的，应当报请**上一级人民检察院**审查逮捕。

39. 法定最高刑为无期徒刑、死刑的犯罪，已过 20 年追诉期限的，不再追诉。如果认为必须追诉的，须报请**最高人民检察院**核准。

40. 对于**贪污贿赂**犯罪、恐怖活动犯罪等重大犯罪案件，**犯罪嫌疑人、被告人逃匿，在通缉 1 年后不能到案**，或者**犯罪嫌疑人、被告人死亡**，依照刑法规定应当追缴其违法所得及其他涉案财产的，**人民检察院**可以向**人民法院**提出没收违法所得的申请。

41. 各级检察机关应当与同级卫生行政部门协商，根据辖区内医疗机构具体情况，确定一至两所**县级以上**医疗机构，作为办案工作定点医院。

四、判断题

1. 人民检察院在立案侦查中指定异地管辖，需要在异地起诉、审判的，应当在移送审查起诉前与人民法院协商指定管辖的事宜。（正确）

2. 对管辖不明确的案件，可以由有关人民检察院协商确定管辖。对管辖有争议的或者情况特殊的案件，由共同的上级人民检察院指定管辖。（正确）

3. 需要回避的人员，在回避决定作出以前所取得的证据和进行的诉讼行为无效。（错误）

［解析］《刑事诉讼规则》第 31 条规定，需要回避的人员，在回避决定作出以前所取得的证据和进行的诉讼行为是否有效，由检察委员会或者检察长根据案件具体情况决定。

4. 当事人及其法定代理人不服回避决定的，有权在驳回申请回避决定作出之日起 5 日以内向原决定机关申请复议。（错误）

［解析］《刑事诉讼规则》第 27 条规定，当事人及其法定代理人不服回避决定的，有权在收到驳回申请回避的决定书后 5 日以内向原决定机关申请复议。

5. 侦查期间，犯罪嫌疑人只能委托律师作为辩护人。(正确)

6. 审判人员、检察人员从人民法院、人民检察院离任后2年以内，不得担任辩护人。(错误)

[解析]《刑事诉讼规则》第39条规定，法官、检察官从人民法院、人民检察院离任后2年以内，不得以律师身份担任诉讼代理人或辩护人。

7. 对于特别重大贿赂犯罪案件，人民检察院在侦查终结前不准许辩护律师会见犯罪嫌疑人。(错误)

[解析]《刑事诉讼规则》第46条第3款规定，对于特别重大贿赂犯罪案件，人民检察院在侦查终结前应当许可辩护律师会见犯罪嫌疑人。

8. 在人民检察院侦查、审查逮捕、审查起诉过程中，辩护人提出要求听取其意见的，案件管理部门应当及时联系侦查部门、侦查监督部门或者公诉部门对听取意见作出安排。(正确)

9. 人民检察院办理特别重大贿赂犯罪案件，在有碍侦查的情形消失后，应当通知看守所或者执行监视居住的公安机关和辩护律师，辩护律师可以不经许可会见犯罪嫌疑人。(正确)

10. 刑事案件中，犯罪嫌疑人、被告人不负举证责任，所以，犯罪嫌疑人、被告人不能向检察机关提出证据。(错误)

[解析] 刑事案件中，犯罪嫌疑人、被告人不负举证责任，但犯罪嫌疑人、被告人、辩护人提供证据的活动，是其享有的诉讼权利。

11. 收集物证、书证不符合法定程序，可能严重影响司法公正的，应当予以补正或者作出合理解释。补正是指对取证程序上的非实质性瑕疵进行补救。(正确)

12. 办案人员在审查逮捕、审查起诉中经调查核实依法排除非法证据的，应当在调查报告中予以说明。被排除的非法证据应当退回侦查机关。(错误)

[解析]《刑事诉讼规则》第71条第2款规定，被排除的非法证据应当随案移送。

13. 人民检察院直接受理立案侦查的案件,侦查部门移送审查逮捕、审查起诉时,应当将讯问录音、录像连同案卷材料一并移送审查。(正确)

14. 人民检察院依法决定不公开证人、鉴定人、被害人个人信息的,可以在起诉书、询问笔录等法律文书、证据材料中使用化名代替其个人信息。(正确)

15. "采取取保候审不致发生社会危险性"中的"社会危险性"是指犯罪嫌疑人继续犯罪。(错误)

[解析] 根据《刑事诉讼法》第79条的规定,该社会危险性不仅包括犯罪嫌疑人逃跑、行凶、继续犯罪,还包括串供、毁灭证据、妨碍证人作证等行为。

16. 人保即保证人担保,是指保证人向人民检察院出具书面保证材料,保证犯罪嫌疑人随传随到,不逃避或妨碍侦查活动,经人民检察院批准,对犯罪嫌疑人取保候审的方式。其特点是以保证人的人格、名誉、信誉作保。(正确)

17. 对同一犯罪嫌疑人决定取保候审的,可以要求犯罪嫌疑人同时提供保证人并交纳保证金。(错误)

[解析]《刑事诉讼规则》第87条规定,对同一犯罪嫌疑人决定取保候审的,只能责令犯罪嫌疑人提出保证人或者交纳保证金,二者不可同时使用。

18. 采取保证金担保方式的,根据犯罪嫌疑人的个人情况,至少交纳1000元以上的保证金。(错误)

[解析]《刑事诉讼规则》第90条规定,对于未成年犯罪嫌疑人可以责令交纳500元以上的保证金。

19. 公安机关决定对犯罪嫌疑人取保候审,案件移送人民检察院审查起诉后,需要继续取保候审的,人民检察院应当依法重新作出取保候审决定,取保候审期限重新计算。(正确)

20. 人民检察院拘留犯罪嫌疑人的时候,必须出示拘留证。(正确)

21. 人民检察院办理直接立案侦查的案件，作出拘留决定后，必要时，可以自行执行。（错误）

［解析］根据《刑事诉讼规则》第 131 条的规定，人民检察院办理直接立案侦查的案件，作出拘留决定后，应当将有关法律文书和案由、犯罪嫌疑人基本情况的材料送交公安机关执行。必要时，人民检察院可以协助公安机关执行。

22. 担任县级以上人民代表大会代表的犯罪嫌疑人被拘留的，人民检察院必须报请该代表所属的人民代表大会主席团或者常务委员会许可。（错误）

［解析］《刑事诉讼规则》第 132 条规定，担任县级以上人民代表大会代表的犯罪嫌疑人因现行犯被拘留的，人民检察院应当立即向该代表所属的人民代表大会主席团或者常务委员会报告；因为其他情形需要拘留的，人民检察院应当报请该代表所属的人民代表大会主席团或者常务委员会许可。

23. 对于特别重大贿赂犯罪案件决定指定居所监视居住的，人民检察院侦查部门应当自决定指定居所监视居住之日起每 2 个月对指定居所监视居住的必要性进行审查。（正确）

24. 对犯罪嫌疑人采取指定居所监视居住的，需要报上一级人民检察院侦查部门批准。（错误）

［解析］《刑事诉讼规则》第 111 条规定，对犯罪嫌疑人采取监视居住，应当由办案人员提出意见，部门负责人审核，检察长决定；需要对涉嫌特别重大贿赂犯罪的犯罪嫌疑人采取指定居所监视居住的，由办案人员提出意见，经部门负责人审核，报检察长审批后，连同案卷材料一并报上一级人民检察院侦查部门审查。

25. 犯罪嫌疑人被监视居住期间，执行机关可以对其通信进行监控。（错误）

［解析］在侦查期间，执行机关可以对被监视居住的犯罪嫌疑人的通信进行监控。

26. 逮捕强制措施中，所谓"不应当逮捕的"是指犯罪行为没有发生或者被逮捕人不构成犯罪的情形。（错误）

[解析]所谓"不应当逮捕的"指下列五种情形:第一,犯罪行为没有发生或者被逮捕人不构成犯罪的;第二,属《刑事诉讼法》第15条规定的六种情形,依法不追究刑事责任的;第三,虽有犯罪行为,但罪行较轻,不可能判处有期徒刑以上刑罚的;第四,有犯罪行为,但采取取保候审、监视居住方式足以防止发生社会危险性,因而没有逮捕必要的;第五,被取保候审、监视居住期间没有严重违反应遵守的规定,不符合转捕法定条件的,等等。

27. 改变逮捕强制措施主要是改为取保候审或者监视居住,而不能改为拘留。(正确)

28. 特别重大贿赂犯罪案件,解除指定居所监视居住或者变更强制措施的,下级人民检察院侦查部门应当报上一级人民检察院备案。(正确)

29. 初查阶段,因为办案工作需要,可以采取必要的技术侦查措施,但必须经过严格的审批。(错误)

[解析]《刑事诉讼规则》第173条规定,初查应当依法保障相关单位和涉案人员的合法权益,不得采取技术侦查措施。

30. 初查阶段不适用回避有关规定。(错误)

[解析]《刑事诉讼规则》第182条规定,刑事诉讼法及该规则关于回避的规定,适用于初查。

31. 各级人民检察院实行检察长和有关侦查部门负责人接待举报制度。必要时,举报中心可以通知有关侦查部门负责人共同接待举报人。(正确)

32. 举报中心对性质不明难以归口、群众多次举报未查处的举报线索,应当与有关侦查部门共同进行初核。下级人民检察院对上级人民检察院交办的案件,可以自行立案侦查,也可以再向下交办并报上级人民检察院备案。(错误)

[解析]举报中心对性质不明难以归口、群众多次举报未查处的举报线索应当及时进行初核,初核前,举报中心应当向有关侦查部门通报。

下级人民检察院对上级人民检察院交办的案件,可以自行立案侦查,需要再向下交办的,应当经过上级人民检察院同意。

33. 办案人员可以向有关人员出示举报线索复印件以核实真实情况。（错误）

　　[解析] 办案人员向初查对象所在单位及有关人员核实情况，不得出示举报材料原件或者复印件，不得以任何方式暴露举报人。

34. 初查的材料都具有证据效力。（错误）

　　[解析] 一份材料要想具有法律上的证据效力，必须由符合规定的合法主体，依照法律规定的程序进行收集后，才能在程序上具备合法性。换言之，只有检察机关按照法定程序依法取得的初查材料，才具有证据效力。

35. 人们常说"刑事诉讼始于立案"，所以审查不是刑事诉讼活动。（错误）

　　[解析] 这里的"立案"，指的是广义的立案，而非狭义的立案。广义的立案，是指检察机关对于报案、控告、举报和犯罪人自首等方面的材料，依照管辖范围进行审查，以判明是否认为有犯罪事实需要追究刑事责任，并依法决定是否作为刑事案件交付侦查的诉讼活动。因此，立案前的审查属于刑事诉讼活动。

36. 立案正确与否应以是否最终查明有犯罪事实为标准。（错误）

　　[解析] 立案的犯罪事实条件是一种主观认识，不可避免地会存在与客观实际不相一致的情况。衡量立案正确与否，不能以立案后是否最终查明有犯罪事实为标准，而应以立案当时是否符合立案条件为标准，把撤案等同于错案的观点是不正确的。

37. 贪污贿赂案件的立案方式应是"以人立案"的方式。（错误）

　　[解析] 贪污贿赂案件的特殊性决定了单纯依靠"以人立案"的方式办案有其不适应性：一是主体特殊——国家工作人员，其对抗侦查能力高，规避法律能力强；二是行为特定——均在一定岗位上利用其职务之便进行职务犯罪；三是犯罪手法有其隐蔽性。而运用"以事立案"，既有利于震慑犯罪嫌疑人，也有利于避免初查工作的局限性。

38. 检察机关侦查的模式一般是由人到事。（正确）

39. 检察机关的侦查权从属于法律监督权。（正确）

40. 专门调查工作基本等同于有关强制性措施。（错误）

[解析] "专门调查工作"是指刑事诉讼法规定的讯问犯罪嫌疑人、询问证人、勘验、检查、搜查、扣押物（书）证、鉴定、通缉等侦查措施。这种调查工作具有法律意义，调查的结果（如讯问笔录、勘验笔录等）可以直接作为证据使用。"有关强制性措施"是指为防止犯罪嫌疑人逃跑、串供、毁灭证据等妨碍侦查行为的发生，而依法采取的拘传、取保候审、监视居住、拘留、逮捕等限制或剥夺人身自由的强制措施和搜查、扣押、冻结财产等强制措施，以及为保证专门调查工作顺利进行而在必要时采取的监听等秘密侦查手段。

41. 除了有关侦查方针、原则等宏观决策可以"一竿子插到底"外，对具体案件的侦查决策必须分层进行，使决策与该层次的职责相适应。（正确）

42. 统一指挥原则要求一个下级工作人员只接受一个上级领导人的直接指挥，并对这个领导人负责。（正确）

43. 侦查的中心任务就是抓获犯罪嫌疑人。（错误）

[解析] 侦查的中心任务是收集证据，查清犯罪事实，确定并查获犯罪嫌疑人。查清犯罪事实与确定犯罪嫌疑人，在不同类型的案件中有不同的侧重点。一般来讲，侦查职务犯罪案件的侧重点在于查清犯罪事实，侦查其他刑事犯罪案件的侧重点在于确定犯罪嫌疑人。但从总体上说，二者相互联系，密不可分。

44. 因侦查工作需要，经检察长批准，可以将犯罪嫌疑人提押出看守所进行讯问。（错误）

[解析] 因侦查工作需要，需要提押犯罪嫌疑人出所辨认或者追缴犯罪有关财物的，经检察长批准，可以提押犯罪嫌疑人出所，并应当由2名以上司法警察押解。不得以讯问为目的将犯罪嫌疑人提押出所进行讯问。

45. 办案工作区应当设置在地下一层或者地下室，与办公区域保持适当隔离，形成符合安全、保密要求的区域。（正确）

46. 同步录音、录像应当由检察技术人员负责。特殊情况下，经检察长批准，也可以由讯问人员负责。（错误）

[解析] 同步录音、录像应当由检察技术人员负责。特殊情况下，经检察长批准，也可以由讯问人员以外的其他检察人员负责。

47. 看守所设置的人民检察院相对固定使用的同步录音录像讯问室由看守所负责管理，优先保证人民检察院办案需要。同步录音录像讯问室空闲时，看守所可以安排其他办案单位使用。（正确）

48. 人民检察院在看守所同步录音录像讯问室讯问在押犯罪嫌疑人的，不得在夜间提审。（错误）

[解析] 人民检察院在看守所同步录音录像讯问室讯问在押犯罪嫌疑人的，一般情况下不得在夜间提审，确需在夜间提审的，应当严格履行审批手续，确保职务犯罪嫌疑人的合法权益和办案安全。

49. 侦查讯问人员主要是掌握法律知识，科技知识是辅助，不需特别重视。（错误）

[解析] 随着科学技术的发展进步，犯罪主体构成日趋知识化，作案手段日趋智能化，这就要求侦查讯问人员不但要有坚实的法律知识、过硬的讯问专业技能，还应该掌握更多与侦查工作相关的科学技术，才能在侦查活动中取得主动权。

50. 对于犯罪嫌疑人翻供的，侦查人员应采取严厉措施应对。（错误）

[解析] 对于犯罪嫌疑人翻供的现象，侦查人员要认真分析其翻供动机、翻供真伪及翻供的前后关联性，对比分析证言与其他证据之间的协调性，察微析疑，辨明是非，弄清事实的真相。

51. 笔录的言语信息记录中可以使用简称。（正确）

52. 讯问中如果被告人使用了脏话，记录人员原则上不要照记原话，而应该用同一意思的文明用语代替。（正确）

53. 侦查笔录只能以一问一答的形式记录侦查活动的情况。（错误）

[解析] 侦查笔录可以以一问一答的形式记录侦查活动的情况，也可以采取其他形式记录。

54. 不能立即查明是否与案件有关的可疑的财物和文件，也可以查封或者扣押。（正确）

55. 扣押犯罪嫌疑人的邮件、电报或者电子邮件，应当经检察长批准，通知邮电部门或者网络服务单位将有关的邮件、电报或者电子邮件检交扣押。（正确）

56. 多个鉴定人意见不一致时，应当根据少数服从多数的原则出具鉴定意见。（错误）
[解析] 鉴定人意见有分歧的，应当在鉴定意见中写明分歧的内容和理由，并分别签名。

57. 用作证据的鉴定意见，人民检察院办案部门应当告知犯罪嫌疑人、被害人。（正确）

58. 检察机关侦查贪污贿赂犯罪案件而需要聘请本院之外的司法鉴定人员时，只能聘请依法取得司法鉴定资格的司法鉴定机构及其具有执业资格的司法鉴定人。（正确）

59. 检察机关及其侦查人员不得暗示或者强迫鉴定人作出某种鉴定意见。（正确）

60. 社会鉴定机构的鉴定人自行提出回避的，应当说明理由，由所在地司法行政机关决定是否回避。（错误）
[解析] 应当由鉴定人所在鉴定机构负责人作出是否回避的决定。

61. 委托单位要求社会鉴定机构的鉴定人回避的，应当提出书面申请，由鉴定人自行决定是否回避。（错误）
[解析] 应当由检察长、鉴定机构负责人作出是否回避的决定。

62. 人民检察院委托鉴定时，遇有紧急情况可以口头委托鉴定。（错误）

[解析] 无论是委托检察机关的鉴定部门鉴定，还是委托其他鉴定机构（公安机关、社会鉴定机构）鉴定，委托鉴定都应当以书面委托为依据，客观反映案件基本情况、送检材料和鉴定要求等内容。

63. 在我国的司法实践中，多道心理测试鉴定结论（鉴定意见）可以作为证据使用。（错误）

[解析] 根据最高人民检察院《关于CPS多道心理测试鉴定结论能否作为诉讼证据使用问题的批复》规定："CPS多道心理测试（俗称测谎）鉴定结论与刑事诉讼法规定的鉴定结论不同，不属于刑事诉讼法规定的证据种类。人民检察院办理案件，可以使用CPS多道心理测试鉴定结论帮助审查、判断证据，但不能将CPS多道心理测试鉴定结论作为证据使用。"

64. 人民检察院决定补充鉴定的，必须另行指派或者聘请鉴定人。（错误）

[解析] 人民检察院决定重新鉴定的，必须另行指派或者聘请鉴定人。

65. 采取技术侦查措施获取的材料，可以存留备用。（错误）

[解析] 采取技术侦查措施获取的材料，只能用于对犯罪的侦查、起诉和审判，不得用于其他用途。

66. 人民检察院决定使用技术侦查措施的，应当交由有关机关执行。（正确）

67. 省级人民检察院直接受理立案侦查的案件，案情复杂、期限届满不能终结的案件，可以经本院侦查监督部门批准延长1个月。（错误）

[解析] 省级人民检察院直接受理立案侦查的案件，案情复杂、期限届满不能终结的案件，可以经上一级人民检察院批准延长1个月。

68. 重新计算侦查羁押期限中规定的"另有重要罪行"是指与逮捕时的罪行不同种的重大犯罪和同种的影响罪名认定、量刑档次的重大犯罪。（正确）

69. 人民检察院直接立案侦查的案件，需要重新计算侦查羁押期限的，应当报上一级人民检察院侦查监督部门审查。（错误）

[解析] 人民检察院直接立案侦查的案件，需要重新计算侦查羁押期限的，应当由侦查部门提出重新计算侦查羁押期限的意见，移送本院侦查监督部

门审查。

70. 查封、扣押、冻结的款物，应当在侦查终结时一并作出返还被害人、没收等处理决定。（错误）

［解析］查封、扣押、冻结的款物，除依法应当返还被害人或者经查明确与案件无关的以外，不得在诉讼程序终结前处理。

71. 同案犯罪嫌疑人在逃，在案犯罪嫌疑人的犯罪事实已经查明的，应当对在案犯罪嫌疑人已经查明的犯罪事实移送审查起诉或者移送审查不起诉，其余待查的犯罪事实可在在逃犯罪嫌疑人抓获、事实查清后，按漏罪处理。（正确）

72. 在查处贪污贿赂等职务犯罪案件时，对一时不符合侦查终结条件的案件可以中止侦查。（错误）

［解析］修改后的刑事诉讼法删除了中止侦查的规定，对于一时不符合侦查终结条件的案件，可以区分不同情况进行处理：对于侦查期间犯罪嫌疑人潜逃的，应当采取措施追捕，继续进行其他侦查活动；对于犯罪嫌疑人患有严重疾病不能接受讯问的，可以变更强制措施；对于侦查、起诉阶段出现自然灾害等不可抗力的，在有关原因消失后，恢复侦查活动。

73. 人民检察院直接受理立案侦查的案件，撤销案件后，发现新的事实或证据的，认为有犯罪事实需要追究刑事责任的，应当继续侦查。（错误）

［解析］人民检察院直接受理立案侦查的案件，撤销案件后，发现新的事实或证据的，认为有犯罪事实需要追究刑事责任的，可以重新立案侦查。

74. 下级人民检察院报请审查逮捕的案件，应当由侦查部门制作报请逮捕书，经本院侦查监督部门提出审查意见，报检察长或者检察委员会审批后，连同案件材料、讯问犯罪嫌疑人录音录像资料以及本院侦查监督部门审查意见一并报上一级人民检察院审查。（错误）

［解析］下级人民检察院报请审查逮捕的案件，应当由侦查部门制作报请逮捕书，报检察长或者检察委员会审批后，连同案件材料、讯问犯罪嫌疑人录音录像资料一并报上一级人民检察院审查，报请逮捕时，应当说明犯罪嫌疑人的社会危险性并附相关证明材料。

75. 对重大、疑难、复杂的案件，下级人民检察院侦查部门可以提请上一级人民检察院侦查监督部门派员适时介入。上一级人民检察院侦查监督部门认为必要时，可以主动派员介入，审查证据、引导取证、监督侦查活动是否合法。（正确）

76. 上一级人民检察院侦查监督部门经审查不同意下级人民检察院报请逮捕意见的，分管侦查监督工作的副检察长应当征求分管侦查工作的副检察长的意见，意见一致的，作出不予逮捕决定；意见不一致的，报请检察长作出决定。（正确）

77. 下级人民检察院认为需要撤销或者变更上一级人民检察院决定的逮捕措施时，应当报请上一级人民检察院同意。（错误）

[解析] 下级人民检察院认为需要撤销或者变更上一级人民检察院决定的逮捕措施时，应当直接作出决定并向上一级人民检察院报告。

78. 决定逮捕后，应当立即将被逮捕人送看守所羁押。除无法通知和通知可能有碍侦查的以外，下级人民检察院侦查部门应当把逮捕的原因和羁押的处所，在24小时以内通知被逮捕人的家属。（错误）

[解析] 决定逮捕后，应当立即将被逮捕人送看守所羁押。除无法通知的以外，下级人民检察院侦查部门应当把逮捕的原因和羁押的处所，在24小时以内通知被逮捕人的家属。

79. 在医疗工作场所对涉案人员进行健康检查或者医疗救治的过程中，医务人员应当配合检察机关做好安全防范工作，防止发生涉案人员自杀、自残、逃跑等办案安全事故。（正确）

80. 医务人员发现涉案人员与自己有利害关系时，应当主动申请回避。（正确）

81. 各级人民检察院应当在办案区设置专门的医疗室，为医务人员提供医疗、救治、休息的场所。根据医务人员指导，配备必要的医疗急救设备和药品，定期检查，确保设备和药品的正常使用。（正确）

82. 因涉案人员病情危重或者其他紧急情况,来不及通知其直系亲属到场或者其直系亲属不能到场的,办案人员可以代签知情同意书。(正确)

83. 检察机关撤销案件、犯罪嫌疑人已归案,不再需要通缉或者边控,以及有其他不再需要边控的情形的,应当按照通缉或者边控权限,由承办案件的人民检察院或者通过上级人民检察院于48小时内向同级公安机关、边防检查总站通报。(正确)

84. 需要通过国际刑警组织对犯罪嫌疑人发布红色通缉令的,承办案件的人民检察院反贪污贿赂部门应当层报最高人民检察院审查同意。(错误)
[解析] 需要通过国际刑警组织对犯罪嫌疑人发布红色通缉令的,承办案件的人民检察院反贪污贿赂部门应当报经省级人民检察院反贪污贿赂部门审查同意,由省级人民检察院向最高人民检察院提出书面请示报告。

85. 开展境外缉捕、追赃等执法合作的,承办案件的人民检察院反贪污贿赂部门应当根据需要和上级人民检察院的安排,及时向犯罪嫌疑人所在国或者赃款、赃物所在国提供犯罪嫌疑人的犯罪证据材料,但不能通过视频、电话提供证言。(错误)
[解析] 开展境外缉捕、追赃等执法合作的,承办案件的人民检察院反贪污贿赂部门应当根据需要和上级人民检察院的安排,及时向犯罪嫌疑人所在国或者赃款、赃物所在国提供犯罪嫌疑人的犯罪证据材料,必要时,可以派员出庭作证或者通过视频、电话提供证言。

86. 追逃工作应当由公安机关负责,检察机关协助。(正确)

87. 检察机关对外侦查协作请求方只能是检察机关。(正确)

88. 保密工作对于破解反侦查活动十分重要。(正确)

89. 逃避型反侦查活动与规避型反侦查活动相似。(错误)
[解析] 逃避型反侦查活动指犯罪分子采用逃跑、拒供等消极的方式阻碍侦查活动正常进行的行为。而规避型反侦查活动主要是指犯罪分子实施规避法律的行为,在赃款去向上鱼目混珠、掩人耳目的行为,貌似合法、实则违法的

行为,以小罪行掩盖大犯罪的行为。

90. 须报请最高人民检察院核准追诉的案件,在核准之前可以依法对犯罪嫌疑人采取强制措施,但不得对案件提起公诉。(**正确**)

91. 犯罪嫌疑人实施犯罪行为所取得的财物及其孳息以及犯罪嫌疑人非法持有的违禁品、供犯罪所用的本人财物,应当认定为违法所得及其他涉案财产。(**正确**)

92. 侦查部门认为符合违法所得没收条件的,应当写出没收违法所得意见书,连同案卷材料一并移送有管辖权的人民检察院侦查部门,并由有管辖权的人民检察院侦查部门移送本院公诉部门。(**正确**)

93. 侦查人员可以根据自己工作的方便与否实施劝返。(**错误**)
[解析] 劝返可以逾越有无双边条约和两国法律制度的截然不同而进行。这是最为便捷的方法,可以避免国际引渡,节省大量资源。但前提是必须做好嫌疑人的思想工作,使其自愿回国配合。

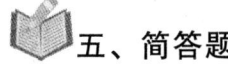

五、简答题

1. 简述检察人员回避的适用情形。

答:第一,是本案的当事人或者当事人的近亲属的;第二,本人或者他的近亲属和本案有利害关系的;第三,担任过本案的证人、鉴定人、辩护人、诉讼代理人的;第四,与本案当事人有其他关系,可能影响公正处理案件的;第五,接受当事人及其委托的人请客送礼,或者违反规定会见当事人及其委托的人的;第六,参加过本案侦查的侦查人员,又承办本案的审查逮捕、起诉和诉讼监督工作的。

2. 简述强制措施的特征。

答:第一,法定性。强制措施作为限制或者剥夺人身自由的强制方法,必须严格依照刑事诉讼法和其他有关法律的规定进行。第二,强制性。强制措施的适用是人民检察院行使刑事司法权的表现,是以国家强制力做后盾的。第三,保障性。强制措施是一种保障机制,而不是对案件作出的实体处理。第四,暂时性。每种强制措施都有法定期限,超过期限就不能继续适用。同时,强制措施的目的是保障诉讼活动的顺利进行,因而妨碍诉讼活动顺利进行的因素一旦消失,强制措施就应当解除。

3. 简述人民检察机关适用强制措施应遵守的原则。

答:第一,必要性原则。适用强制措施必须以有适用的必要,即犯罪嫌疑人有妨碍刑事诉讼顺利进行的可能为前提,而不是有案必用、每个犯罪嫌疑人都用。第二,相当性原则,又称比例性原则,指采取强制措施的种类、力度要与犯罪嫌疑人罪行的轻重以及妨碍诉讼活动顺利进行的可能性的大小相适应。第三,灵活性原则。强制措施要根据办案工作需要,依法灵活运用。

4. 简述强制措施法定性的表现。

答:第一,强制措施种类的法定性,即刑事诉讼法规定的拘传、取保候审、监视居住、拘留、逮捕五种。第二,适用主体的法定性,即只有人民检察院、公安机关等法律规定的特定机关才有权采取强制措施。第三,适用对象的法定性,即只能适用于犯罪嫌疑人、被告人。第四,适用条件的法定性,即只有对具备法律规定条件的犯罪嫌疑人、被告人才能适用强制措施。第五,程序的法定性,即决定采取强制措施和执行强制措施都必须严格依照法律规定的程序进行。

5. 如何对政协委员适用强制措施?

答:检察机关对有犯罪嫌疑的政协委员采取刑事拘留、逮捕强制措施前,应向该委员所在的政协党组通报情况;情况紧急的,可同时或事后及时通报,以利于政协党组及时掌握情况,采取相应的配合措施,保证案件的顺利查处。通报的方法可参照拘留、逮捕人大代表的方法。采取拘传、取保候审、监视居住的,也应当将有关情况通报给该委员所在的政协党组。

6. 简述取保候审强制措施的适用条件。

答:根据刑事诉讼法的有关规定以及《刑事诉讼规则》第83条的规定,可以对有下列情形之一的犯罪嫌疑人、被告人取保候审:第一,可能判处管制、拘役或者独立适用附加刑的;第二,可能判处有期徒刑以上刑罚,采取取保候审不致发生社会危险性的;第三,患有严重疾病、生活不能自理,怀孕或者正在哺乳自己婴儿的妇女,采取取保候审不致发生社会危险性的;第四,羁押期限届满,案件尚未办结,需要采取取保候审的。

7. 简述监视居住强制措施的适用条件。

答：第一，符合逮捕条件，但具有下列情形的：一是患有严重疾病、生活不能自理的；二是怀孕或者正在哺乳自己婴儿的妇女；三是系生活不能自理的人的唯一扶养人；四是因为案件的特殊情况或者办理案件的需要，采取监视居住措施更为适宜的；五是羁押期限届满，案件尚未办结，需要采取监视居住措施的。第二，符合取保候审条件，但犯罪嫌疑人、被告人不能提出保证人，也不交纳保证金的。

8. 指定居所监视居住中有碍侦查的情形包括哪些？

答：第一，可能毁灭、伪造证据，干扰证人作证或者串供的；第二，可能自杀或者逃跑的；第三，可能导致同案犯逃避侦查的；第四，在住处执行监视居住可能导致犯罪嫌疑人面临人身危险的；第五，犯罪嫌疑人的家属或者其所在单位的人员与犯罪有牵连的；第六，可能对举报人、控告人、证人及其他人员等实施打击报复的。

9. 简述线索管理的原则。

答：第一，统一管理，归口办理。即要求本院检察长及各部门收到的举报线索以及在查办案件中发现的案件线索，都必须在规定时间内移交举报中心统一登记、呈批。第二，严格保密，保护举报人的合法权益。第三，接受监督，取信于民。即要求举报中心在管理线索的同时，要接受上级举报中心及举报人的监督，依法处理举报材料。第四，定期清理，防止积压。

10. 简述如何提高初查的成案率。

答：第一，精心分析筛选案件线索，把初查重点放在可查性较大的案件线索上。第二，努力选准切入点。在筛选好可查性较强的案件线索之后，进一步寻找最佳角度切入。第三，认真策划，制定周密的初查计划，迅速出击，全面展开初查。第四，利用再生证据，揭露和证实犯罪，提高成案率。所谓再生证据，是指犯罪嫌疑人及有关人员进行串供、反侦查活动所形成的书证、录音资料等。善于获取和利用再生证据，有利于查明案件的真实情况，达到制伏犯罪的目的。

11. 简述初查的原则。

答：第一，初查必须依法进行，即合法原则；第二，初查应当秘密进行，即保密原则;第三,初查应抓住主要问题,即重点原则;第四,初查应收集涉嫌犯罪的相关情况材料,即信息原则;第五,初查应加强与纪检监察等部门的联系配合,即协作原则;第六,初查应争取党委的领导和支持,即报告原则。

12. 简述初查的要求。

答:第一,初查的材料要"全"。初查的材料一般包括证据材料、背景资料和相关信息。第二,初查的内容要"细"。对被调查对象的基本情况要尽可能地掌握和了解。第三,初查的视野要"宽"。初查除了对案件线索所涉及的对象和事实认真分析、深入调查外,还要了解与涉案事项相关的法律政策规定、行业规章制度,以及以前所办同类案件的规律、特点、手段等。第四,初查的知识要"广"。随着经济和社会的发展,贪污贿赂犯罪涉及的领域也越来越多,需要侦查人员具备较高的素质和多方面的知识。第五,初查的方法要"引"。对实名控告、举报的线索材料,要客观全面地分析,引导控告人、举报人增强社会责任感、正义感和对检察机关的信任感,争取他们的理解、支持和配合,进一步向检察机关提供更多的线索和信息。第六,初查的突破口要"准"。一般可以先从容易入手的环节着手,从尚未被惊动的人和事着手。第七,初查的过程要"密"、"安"。初查工作应秘密进行,一般不接触被调查人;必须接触被调查人时,一定要经主管检察长或检察长批准,并做好安全防范工作。

13. 如何正确理解作为立案犯罪事实条件的"认为有犯罪事实"?

答:第一,犯罪事实,即依照刑法规定构成犯罪的事实,而非一般违法、违纪、违反社会主义道德的事实。第二,"认为"有犯罪事实,而非"确实"有犯罪事实。它是检察机关对犯罪事实的一种主观认识,它与"确实"的犯罪事实相比还存在一定的或然性。第三,有一定证据证明的犯罪事实,即检察机关的"认为"(主观认识)必须建立在一定证据之上,而非出于随意猜测和主观臆断。第四,证据的证明力达到"认为有犯罪事实"的程度,即检察机关通过对证据及案件线索的综合分析,认为有犯罪事实时,即应立案;未达到此程度,仅认为可能有犯罪事实时,则不能立案,而应继续初查。

14. 在把握贪污贿赂案件的立案时机时应具体注意哪些问题?

答:第一,经过初查,如果已掌握的证据基本确实、充分,能够支持"认为有犯罪事实,需要追究刑事责任"的立案案件,就可以迅速立案,将初查转化为侦查。第二,立案是否有利于侦查工作的进行。时机不成熟而急于立案，将直接影响侦查工作的开展；时机已到而未果断立案，则有可能错过开展侦查工作的最佳时机。第三，立案是否有利于深挖犯罪。虽然初查获取了一定"证据"，但犯罪嫌疑人还有大量的犯罪事实未能查实，如果迅速立案，就可将大量的犯罪事实查实。第四，初查中遇到紧急情况时，要善于随机应变，及时履行法律手续，将初查转化为立案侦查，以便采取必要的强制措施制止此类情况的发生；同时，还应及时扣押封存有关账簿等，以固定证据。第五，立案是否有利于追缴赃款赃物，保护公共财物不受损失。第六，在实际工作中，初查的组织指挥人员应严密地组织初查。这对准确地把握立案条件和时机有积极作用。

15. 简述侦查的特征。

答：第一，侦查主体具有特定性。侦查是国家的专有行为和权力，由法定的专门机关代表国家行使。第二，侦查活动具有较强的行政属性。一是侦查具有保障社会秩序、维持社会稳定和安宁的功能；二是侦查机关在组织上采取一体化的管理方式；三是在决策机制上，侦查工作实行首长负责制。第三，侦查具有强制性和不可让渡性。侦查工作以国家强制力为后盾，其手段大多具有强制性，这是侦查行为与律师及其他组织、公民的调查活动在本质上的区别。第四，侦查具有专门性和程序性。

16. 简述检察机关侦查的特征。

答：第一，检察机关侦查的模式一般是由人到事。第二，初查是检察机关立案侦查前的重要环节。初查主要是通过秘密调查的方法获取必要的证据材料，以判明被调查对象是否涉嫌犯罪，是否需要追究刑事责任。这也是由检察机关从人到事的侦查模式决定的。第三，检察机关侦查中侦查人员与犯罪嫌疑人的对抗强烈。与一般刑事案件犯罪嫌疑人相比，职务犯罪隐匿在犯罪嫌疑人履行职责的过程中，其具体行为和后果具有极强的隐蔽性，加之犯罪嫌疑人的智力水平、知识程度普遍较高，社会关系较广，侦查人员与犯罪嫌疑人的对抗表现得尤为突出。第四，检察机关侦查手段的有限性。与公安机关相比，检察机关在履行侦查职责时，没有执行取保候审、监视居住、拘留、逮捕的权力。第五，检察机关侦查中言词证据、文书证据地位突出。

17. 简述专项侦查行动的适用情形。

答：第一，针对某类犯罪开展专项行动；第二，针对某些行业、领域的犯罪开展专项行动；第三，集中追捕在逃职务犯罪嫌疑人专项行动。

18. 简述侦查一体化机制的运行方式。

答：第一，专项侦查行动；第二，专案侦查；第三，参办、督办；第四，交办、提办和指定管辖。

19. 简述侦查决策的方法、步骤。

答：第一，找准问题。通过对案件系统各要素之间、系统各层次之间以及系统与外部环境之间关系的把握，发现案件存在的问题和案件各要素之间的因果联系，找出问题的症结所在。第二，确定侦查目标。根据案件的问题和侦查人员的判断，合理安排主要侦查目标与次要侦查目标、全局利益与局部利益、侦查成本与侦查收益的关系，确定可以产生最大整体效益的侦查目标。第三，拟定侦查方案。依据侦查目标，制定侦查备选方案。侦查备选方案一般应包括具体的实施程序、步骤、时间安排以及所需侦查条件等过程性内容。第四，评估和优选侦查方案。运用综合决断方法，统观侦查全局，综合评估案件侦破中各种主要因素，选择最优侦查方案。第五，追踪和修正侦查方案。在决策实施过程中必须对决策进行追踪。决策实施者也要主动反馈，当发现有较大误差时，就要进行追踪决策，即对原决策进行修正。

20. 简述侦查对策的特征。

答：第一，主体特定性。侦查对策的实施主体仅限于侦查机关。第二，客体复杂性。侦查对策的客体包括犯罪嫌疑人、证人、被害人、单位等。第三，针对性。针对侦查活动可能出现或已经出现的不利于案件进展的情形采取不同的方法和策略，以便达到预期的目的。

21. 简述侦查对策的基本原则。

答：第一，合法性原则。在侦查活动中采取的侦查对策须遵循法律规定，严禁使用刑讯逼供、引供、诱供等非法手段，充分保障犯罪嫌疑人的合法权益，避免出现非法证据被排除的现象。第二，优选性原则。应当从几种侦查对策中选择耗费最小的精力获得最佳的侦查效益，提高案件侦破的效率、扩大成案概率，有效利用司法资源，节约办案成本。第三，灵活性原则。侦查机关在办案中遇到的情况是多变的，在面对不同的案情时，侦查机关不能死板地固守一个侦查对策，要具体问题具体分析，及时调整侦查对策，防止案件陷入僵局，以期尽早突破案件。

22. 简述侦查谋略的特征。

答：第一，侦查谋略具有能动性。侦查人员要依据犯罪活动发展规律与犯罪嫌疑人的心理，在掌控案件事实及材料的基础上，根据案件的发展趋势及时调整对策，时刻掌握案件的主动权，从而顺利进行案件的侦破工作。第二，侦查谋略具有对抗性。侦查人员与犯罪嫌疑人始终处于对抗状态，侦查人员不断根据犯罪嫌疑人的行为作出对策上的调整，使其进入侦查人员设计的陷阱之内，让其无法逃脱，束手就擒。第三，侦查谋略具有隐蔽性。在实际的侦查活动中，侦查人员往往制造某些表面现象来掩饰真实意图，迷惑被调查对象，保障侦查行动的顺利进行。

23. 简述侦查谋略的适用原则。

答：第一，合法性原则。在运用侦查谋略时要绝对禁止使用任何非法手段。第二，灵活性原则。侦查谋略要随着客观对象和客观形势的变化而变化。第三，针对性原则。在侦查实践过程中，往往会遇到"一种案件，多种可能"的情况，所以在侦查时要根据实际情况，因案、因人、因时而异。

24. 录音录像技术主要用于职务犯罪侦查工作的哪些方面？

答：第一，勘验、搜查等活动；第二，记录侦查活动和固定其他证据；第三，重要侦查活动（如讯问）的全程录音录像；第四，犯罪现场同步录音录像取证；第五，监视犯罪嫌疑人的可疑行踪；第六，利用"电子眼"监控犯罪嫌疑人及其使用的车辆。

25. 简述文书勘验的主要任务。

答：文书勘验的主要任务是发现、提取有关文书，分析有关文书与犯罪的关系，为侦查破案提供线索和方向等。

26. 简述司法会计检查的内容。

答：第一，对现金的检查；第二，对涉案单位、个人银行存款的检查；第三，对涉案单位往来账项的检查；第四，对发票、收据的检查。

27. 简述重新鉴定的情形。

答：第一，鉴定意见与案件中其他证据相矛盾的；第二，有证据证明鉴定意见确有错误的；第三，送检材料不真实的；第四，鉴定程序不符合法律规定的；第五，鉴定人应当回避而未回避的；第六，鉴定人或者鉴定机构不具备鉴定资格的；第七，其他可能影响鉴定客观、公正情形的。

28. 简述审查和评断鉴定意见的目的。

答：第一，判明鉴定意见是否具备司法鉴定意见的属性，以便确定能否作为证据使用。第二，判明鉴定意见的证明力，以便确定如何使用该鉴定意见来证明案件事实。

29. 简述职务犯罪侦查中查账的目的。

答：查账的目的，简单讲就是为了查明与账目相关的经济活动的过程及状况，从而查明贪污贿赂案件有关经济问题的案情。具体讲，是为了查明贪污贿赂案件所涉及的财务会计事实，而不仅仅为了证明犯罪的存在，因为案情本身并不一定都是贪污贿赂犯罪事实。因而，查账的目的中往往还包括了为查明犯罪嫌疑人辩解事实的真实性的查账活动，包括查明案件的当事人、证人等所提供证据的真实性、可靠性等。

30. 简述查账的任务。

答：查账的任务是要通过查账，了解相关单位、部门及人员的经济业务事实，从而获取相关单位所需要的财务资料。对于检察机关查账而言，基本任务是收集财务会计证据和勘验、检查笔录，用以查明案件涉及的财务会计事实。

31. 简述侦查查账中现金收付业务的检查任务。

答：在职务犯罪侦查查账中检查现金收付业务，主要是为了查明与现金收取、支付业务有关的财务会计事实。

32. 简述侦查查账中发现小金库的最主要的方法。

答：在侦查查账中发现小金库的最主要的方法，就是通过检查财务会计资料，发现未进行会计处理的财务收入和虚报的财务支出。

33. 简述侦查人员使用侦查技术应遵循的原则。

答：第一，依法适用；第二，保守侦查技术秘密；第三，遵循客观真实；第四，尊重并依据科学但不迷信科学等原则。

34. 简述人民检察院直接立案侦查案件的侦查期限。

答：《刑事诉讼规则》第301条规定："人民检察院直接受理立案侦查的案件，对犯罪嫌疑人没有采取取保候审、监视居住、拘留或者逮捕措施的，侦查部门应当在立案后二年以内提出移送审查起诉、移送审查不起诉或者撤销案件的意见；对犯罪嫌疑人采取取保候审、监视居住、拘留或者逮捕措施的，侦查部门应当在解除或者撤销强制措施后一年以内提出移送审查起诉、移送审查不起诉或者撤销案件的意见。"

35. 简述补充侦查的特点。

答：第一，补充侦查是原侦查工作的深入和继续，仍属于侦查的范畴。它是在原有侦查工作没有完成侦查任务的情况下，就案件的部分事实、情节所进行的调查活动。第二，补充侦查是对原侦查工作的一项补救措施，补充侦查仅是对原有侦查工作的补充，即对于部分事实不清、证据不足或者尚有遗漏罪行、遗漏同案犯罪嫌疑人的案件作进一步的调查，以弥补原有侦查工作的缺陷。第三，补充侦查的决定权在检察机关。无论在哪个诉讼阶段，是否补充侦查以及由哪个机关（部门）补充侦查，都由检察机关决定。

36. 简述补充侦查的范围。

答：根据《刑事诉讼规则》第380条、第381条、第457条的规定，补充侦查的范围主要是人民检察院认为犯罪事实不清、证据不足或者遗漏罪行以及遗漏同案犯罪嫌疑人等情形。

37. 简述侦查羁押期限与侦查期限的区别。

答：第一，起算时间不同。侦查期限始于立案之日；侦查羁押期限始于对犯罪嫌疑人采取羁押性强制措施之日。第二，对人身的强制程度不同。在侦查期限内，犯罪嫌疑人的人身自由可能受到限制，也可能未受到限制；侦查羁押期限内犯罪嫌疑人的人身自由是被严格限制的。第三，期限规定不同。人民检察院直接立案侦查的案件，对犯罪嫌疑人没有采取取保候审、监视居住、拘留或者逮捕措施的，侦查部门应当在立案后2年以内提出移送审查起诉、移送审查不起诉或者撤销案件的意见。对犯罪嫌疑人采取取保候审、监视居住、拘留或者逮捕措施的，侦查部门应当在解除或者撤销强制措施后1年以内提出移送审查起诉、移送审查不起诉或者撤销案件的意见。侦查羁押期限则根据采取的具体强制措施种类具体计算。第四，期限届满后果不同。侦查羁押期限届满后，可以继续侦查，但必须变更强制措施或释放犯罪嫌疑人。侦查期限届满后，侦查工作必须停止，进入侦查终结阶段，由侦查部门提出处理意见，不能继续开展侦查。

38. 简述贪污贿赂犯罪案件侦查文书的主要特征。

答：第一，法定性。侦查文书是检察机关根据刑事诉讼法等相关法律规定，以实体规定为基础，依照法定程序制作的。第二，规范性。侦查文书的名称、形式、内容等方面都有统一标准。第三，约束性。侦查文书是检察机关依法履行法律监督职能、行使职务犯罪侦查权的载体，目的在于具体、有效地实施法律，必然具备法定约束力及相应的法律意义。第四，现实效用性。侦查文书因侦查活动的需要而产生，其制作与使用又对侦查活动起到规范、制约和联系沟通的作用。

39. 简述制作自首笔录时应遵循的规则。

答：第一，多人同时自首的共同犯罪案件，应分别接受自首并制作笔录。第二，应将笔录交自首人核对，在修改、补充处捺手印，并在笔录尾部写明"以上笔录共×页，我看过（或向我宣读过），和我讲的一致"。然后，由其在笔录每一页的末尾签名或盖章（包括捺手印）。第三，接受自首的检察人员和记录人，也应该在笔录末尾分别签名或盖章，并记明接受自首的具体日期。

40. 简述侦查笔录的主要特征。

答：侦查笔录是侦查活动一项不可或缺的内容，是侦查文书的一种常见类型。它除了兼有侦查文书的特征之外，还具有以下特征：第一，侦查笔录是检察机关依法从事侦查活动的结果，贯穿侦查活动的各个环节。第二，侦查笔录既是侦查人员获取证据的途径，也是一种特殊的证据材料或证据。第三，侦查笔录具有系统性。针对相同对象及事项的笔录（讯问笔录）之间，以及针对不同对象、不同事项的笔录（询问笔录）之间，要根据内在的逻辑关系形成体系，相互印证、补充，全面、客观反映侦查过程及结果。

41. 简述引渡的依据。

答：第一，国际公约。这需要有关国家必须都是缔约国。第二，双方签署的引渡条约。这是最主要的一种形式。第三，作为补充，双方可以根据互惠原则和对等原则开展引渡。

42. 简述劝返必须具备的条件。

答：第一，外逃者有明确的犯罪事实；第二，外逃者陷入走投无路的境地；第三，向外逃者承诺相应事项；第四，劝返人员必须有"说到做到"的权力。

43. 简述追逃工作需注意的问题。

答：第一，依法追捕。侦查行为在程序上必须符合法律规定。第二，保证安全。一是保证自身安全。追逃工作存在的安全隐患要远远大于平时办案，所以应特别注意侦查人员的自身安全。二是保证逃犯安全。实践中，因为未知因素太多，在追逃成功后，如何保证犯罪嫌疑人的人身安全，侦查人员会面临着更加严峻的考验。第三，严守秘密。在追捕方向的选择和追逃方案的制定上要严格保密，对无关的人员绝对不能泄露。同时，对监控对象、监听内容、提供追捕线索的人，对外要严格保密。第四，行动迅速。追逃的过程是侦查人员同犯罪嫌疑人在智力和快速反应上的博弈，侦查人员要视具体情况采取谨慎、果断、灵活的侦查行为。

44. 简述对证人翻证的对策。

答：第一，在向证人取证时，侦查人员要告知证人如实作证的义务以及作伪证所要承担的法律责任，取证后也要对证人进行相应的法律教育。同时，在事先征得证人同意的前提下，做好取证时的同步录音录像工作。第二，在案件侦查过程中，要注意翻供、翻证再生证据的收集，并与已取得的证据相结合，形成牢固的证据链条，以证实犯罪嫌疑人的犯罪事实，证明其伪供、伪证的虚假性，进而防止证人再次翻证现象的发生。第三，当侦查人员发现证人有作伪证、翻证行为时，要及时洞悉证人作伪证、翻证的真实动机和目的，对其进行政策法律教育，促使其如实作证。如果证人仍执迷不悟，侦查人员又有充分的证据证实其有包庇或作伪证的犯罪行为时，要加大打击力度，追究其刑事责任。

45. 简述对证人拒证的对策。

答：第一，对受传统文化影响及法律意识淡泊而不愿作证的证人，要进行法律政策的教育，明确每个公民都有作证的义务，促使其正义感和社会责任感的增强，必要时对其晓以利害。第二，对于存在报恩心理和庇护心理而不愿作证的证人，要帮助他们摆正情与法的关系，促使其认识到犯罪嫌疑人的犯罪事实已被检察机关充分掌握。第三，对侦查人员有抵触心理不愿作证的证人，应适当调整侦查人员的询问态度和方式方法，必要时更换侦查人员，以消除其抵触情绪，如实作证。第四，对存在畏惧心理而不敢作证的证人，侦查人员要通过讲解法律政策和保护证人的典型事例，提高其同犯罪作斗争的勇气。同时，要会同有关部门采取切实有效措施，防止其被打击报复，保证其人身安全。第五，对于"污点证人"，应讲明案件并不因个别人拒证而不被发现和查处，拒证只会带来更大的被动。只有如实作证，讲清问题，才能争取主动，得到群众的谅解和检察机关的宽大处理。

46. 简述对串供的侦查对策。

答：第一，犯罪嫌疑人在被传唤后已经能够了解到侦查机关所掌握的犯罪事实，侦查机关根据不同的情况将其放回、取保候审或监视居住后，犯罪嫌疑人往往会找同案犯或知情人进行串供。为此，侦查机关在将犯罪嫌疑人放回前，要预先采取监听、监视、发展知情人为线人等手段，在其串供时获取其指使他人作伪证的秘密录音资料等再生证据；然后以再生证据为突破口再次传唤犯罪嫌疑人，使其作茧自缚。第二，犯罪嫌疑人或证人按事先商量的串供内容作虚假陈述时，可以先不急于揭露，任其表演，并让其陈述细节问题，再利用其陈述的细节问题和真实证据的矛盾点，进行连续的发问，使其陷入不能自圆其说的被动境地，感到只有配合侦查机关调查、彻底交代自己的犯罪事实才是唯一出路。第三，犯罪嫌疑人被拘留或逮捕后，由于处于封闭的环境，要利用其急于知道外界情况或与外界其他知情人、同案犯串通的心理，发展同监舍中积极向侦查机关靠拢的人作为线人。侦查人员再配合线人同步向犯罪嫌疑人施加压力，令其产生对线人的依赖感，达到侦查人员利用线人获取口供、证据作为再生证据使用的目的。

47. 简述对犯罪嫌疑人拒供的对策。

答：第一，对畏罪心理和绝望心理过重而拒供的犯罪嫌疑人，应适当减缓讯问压力，正确宣讲法律政策，引导其正确判明利害关系，促使其如实供述犯罪事实。第二，对优势心理和侥幸心理严重的犯罪嫌疑人，要严肃讯问气氛，增强讯问压力，必要时出示有力的证据，打击其气焰，端正其态度，使其如实供述犯罪事实。第三，对逆反心理过重的犯罪嫌疑人，应适当调整讯问态度、方式和人员，以消除抵触情绪，转到正常的讯问轨道上来。第四，对已穷尽各种讯问方法仍然拒不供述的犯罪嫌疑人，应出示证据或采取拘留、逮捕强制措施，以威慑犯罪嫌疑人，突破其心理防线，促使其如实供述犯罪事实。

48. 简述对犯罪嫌疑人攻守同盟的侦查对策。

答：第一，认真细致地开展初查工作，注意通过多种渠道获取与案件有关的信息材料，认真分析这些证据材料与嫌疑人供述之间的矛盾点，使主动权一直掌握在侦查机关手中。第二，注重调查取证，消除口供是"证据之王"的错误观念，将工作重点放在调查取证上，利用直接证据和更多有效的间接证据，形成证据链条。第三，针对被讯问人的不同特点，采用不同的讯问技巧，细化审讯工作。根据初查所取得被讯问人的详细信息，有针对性地拟定讯问提纲，并根据讯问过程中被讯问人暴露出的破绽，及时调整讯问策略，迫使其如实供述。第四，制造矛盾，运用错觉心理，各个击破。在传唤犯罪嫌疑人时，同步传唤其同案犯。选择其中地位从属、胆子较小、社会阅历较浅等易于争取的犯罪嫌疑人为突破口，使用模糊的语言、以假乱真的侦查策略使其认为对方已交代，并利用其交代的细节、取得的证据反攻其他犯罪嫌疑人，最终取得全面性突破的办案效果。第五，合理应用测谎技术等措施，判断犯罪嫌疑人供述的真伪，指明侦查方向，强化侦查人员的信心。

49. 简述如何应对批捕权上提一级的规定。

答：第一，转变传统的由供到证的办案理念。在初查的过程中，应对其中的一起或几起符合犯罪构成要件标准的事实予以查实查透，取得达到逮捕标准的证据材料。第二，自侦部门应与上级侦监部门加强沟通，更好地磨合执法理念，消除因缺少沟通而造成对案件理解的偏差，避免双方对逮捕的标准产生分歧和误解，从而提高案件质量。第三，继续加强自侦部门的侦查实务培训，增强侦查人员的侦查能力，通过岗位练兵、业务培训等方式使证据的收集更加全面、客观、合法。第四，推进侦捕联动机制的完善。在办案过程中，对重大、疑难、复杂案件，必要时可商请本院或上级侦监部门提前派员介入，进行捕前证据的审查并引导取证，以加强对案情形成统一的认识，从而提高侦破案件的工作质量和工作效率。

50. 简述违法所得没收的适用条件。

答：对于重大贪污贿赂犯罪、恐怖活动犯罪等重大犯罪案件，犯罪嫌疑人、被告人逃匿，在通缉1年后不能到案，或者犯罪嫌疑人、被告人死亡，依照刑法规定应当追缴其违法所得及其他涉案财产的，人民检察院可以向人民法院提出没收违法所得的申请。

51. 如何防范贪污贿赂犯罪嫌疑人外逃？

答：第一，人民检察院反贪污贿赂部门在办理贪污贿赂犯罪案件中，发现应当逮捕的犯罪嫌疑人外逃，或者已被逮捕的犯罪嫌疑人脱逃，应当立即商请公安机关对其采取网上追逃措施。第二，对持有出入境证件、可能潜逃境外的犯罪嫌疑人，应当在全国各出入境口岸对其采取"扣留人员"边控措施。第三，对于持有出入境证件、出境可能影响案件侦查工作的其他涉案人员和重要关系人，应当按照案件具体情况，在全国范围内或者本辖区内各出入境口岸采取"阻止出境"等其他边控措施。第四，对于没有办理出入境证件，需限制其出境的犯罪嫌疑人和案件其他重要关系人，承办案件的人民检察院反贪污贿赂部门可通报同级公安机关，不予为其办理出入境证件。

52. 人民监督员对人民检察院办理直接受理立案侦查案件的哪些情形实施监督？

答：人民监督员对人民检察院办理直接受理立案侦查案件的下列情形实施监督：第一，应当立案而不立案或者不应当立案而立案的；第二，超期羁押或者检察机关延长羁押期限决定不正确的；第三，违法搜查、扣押、冻结或者违法处理扣押、冻结款物的；第四，拟撤销案件的；第五，拟不起诉的；第六，应当给予刑事赔偿而不依法予以赔偿的；第七，检察人员在办案中有徇私舞弊、贪赃枉法、刑讯逼供、暴力取证等违法违纪情况的。

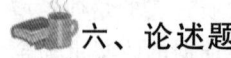

六、论述题

1. 论贪污贿赂犯罪案件地域管辖的分工。

答：第一，贪污贿赂犯罪案件，由犯罪嫌疑人工作单位所在地的人民检察院管辖；如果由犯罪嫌疑人的犯罪地或居住地等其他人民检察院管辖更为适宜的，可以由犯罪嫌疑人的犯罪地或居住地等其他人民检察院管辖。

第二，对于几个人民检察院都有权管辖的职务犯罪案件，由最初受理的人民检察院管辖。必要时，可以由主要犯罪地人民检察院管辖。对于受贿、行贿并案处理的案件，一般由受贿犯罪嫌疑人工作单位所在地人民检察院管辖。

第三，管辖不明的案件，可以由有关人民检察院协商确定管辖；对管辖有争议的或者情况特殊的案件，由共同的上级人民检察院指定管辖。

第四，单位涉嫌的贪污贿赂犯罪案件，刑事诉讼法和《刑事诉讼规则》都没有对该类案件的管辖作出具体规定。实践中，单位涉嫌贪污贿赂犯罪案件，一般由犯罪地人民检察院管辖单位涉嫌的贪污贿赂犯罪案件，如果由单位住所地的人民检察院管辖更为适宜的，则由单位住所地人民检察院立案侦查。

2. 试述如何审查判断贪污贿赂犯罪案件中的电子证据。

答：第一，审查判断电子证据的来源。首先应查明电子证据形成的时间、地点、对象、制作人、制作过程及设备情况，明确是在有关事实和行为发生时留下的，还是以后专为诉讼的目的而形成的。只有查明上述情况，才能明确电子证据所反映的情况是否真实可靠，有无伪造、编辑、剪辑、删改的可能。

第二，审查判断电子证据的收集是否合法。一方面，在审查电子证据的取证人员时，要看其是否属于侦查人员。非侦查人员调查取得的电子证据，不能作为指控犯罪、定案的依据。另一方面，审查电子证据的取证程序是否合法。

第三，审查判断电子证据与事实的联系即相关性。只有相关证据才具有可采性，不具有相关性的证据，根本不发生可采性的问题。

第四，审查电子证据的内容。判断一份电子证据是否具有证明力，就要认真审查电子证据的内容是否真实、有无剪裁、拼凑、伪造、篡改等，对于自相矛盾、内容前后不一致或不符合情理的电子证据，应谨慎对待，不可轻信。同时，还要审查电子证据是何种性质的复本，是第一手的还是第二手的。

第五，审查判断电子证据的鉴定意见。由于电子证据具有高科技的特点，必须通过法定专门机构进行鉴定，非经法定机构的鉴定不具有可采性。

第六，审查判断电子证据的保全措施。

第七，要结合全案其他证据对电子证据的真伪进行综合审查判断。

第八，由于电子证据具有隐含性，因此，要做好转化工作。一是转化为视听资料。二是转化为书证。三是转化为证人证言。四是转化为犯罪嫌疑人的供述和辩解。五是转化为鉴定意见。

3. 论述采取强制措施的策略。

答：第一，要注意合理运用。无论检察机关采取何种强制措施都不应当背离立法精神，要综合所查案件的性质和面临的客观环境合理运用强制措施，对于重大案件、拒供的犯罪嫌疑人必须予以拘留或逮捕。此外，采取强制措施要果断，这样可以避免其他因素对案件的干扰。

第二，要注意灵活运用。强制措施作为办理侦查案件的运用策略，既可以单独使用，也可以结合使用，以达到侦破案件的最佳效果。在办案过程中，应根据工作的深入和案情的变化而变更强制措施。有的犯罪嫌疑人被拘传后存在侥幸心理而拒不供述，可直接对其拘留以增加心理压力，使其交代罪行；有的犯罪嫌疑人被拘留、逮捕后有悔改表现而如实供述的，为达到分化瓦解同案犯的目的，可将其改为取保候审；有的犯罪嫌疑人在被取保候审或监视居住后四处活动，与同案人员串供、威胁或买通关键证人，就要变更强制措施为拘留或逮捕。

第三，要注意控制风险。一方面，法律规定传唤犯罪嫌疑人的时间不得超过12小时，案情特别重大、复杂，需要采取拘留、逮捕措施的，传唤、拘传持续的时间不得超过24小时。另一方面，法律将律师介入提前到侦查阶段，进一步加大了强制措施的适用风险。如果决定采取拘留强制措施，而侦查机关所掌握的证据还达不到法律规定的条件时，放人则可能存在串供、销毁证据的可能，侦查工作就会难以正常开展，而不放则可能存在错拘、错捕的风险。因此，检察机关要在正确分析案情、把握已获取证据的基础上，或果断实施风险决策，对犯罪嫌疑人拘留或逮捕，或对犯罪嫌疑人采取技侦手段，在其取保候审、监视居住期间获取再生证据，为突破案件奠定基础。

4. 论述初查材料的证据效力。

答：第一，就举报材料的证据效力而言，由于署名举报（来电、来信举报）、匿名举报材料本身没有合法的收集主体，对材料本身的真实性缺乏审查程序，有的甚至没有明确的材料提供者。这就决定了它缺乏合法的收集主体，更谈不上进行必要的查证。所以说，它只能作为确定初查方案的参考材料和证明案件来源的证据，而不能作为案件证据使用。

第二，就自首材料的证据效力而言，一方面，它可以直接证明犯罪嫌疑人是否向有关单位或司法机关投案，并供述自己的罪行；另一方面，也是证实其犯罪事实的直接证据。但是，自首材料的证据效力也应区别对待：一是犯罪嫌疑人向有关单位自首的材料，由于收集证据的主体和证据形式欠缺，不能直接作为证据使用，而只有经过检察机关的侦查人员对其以一定的形式加以固定之后，才能作为证据使用。二是犯罪嫌疑人直接向检察机关自首而形成的材料，则可以直接作为证据使用，也是证明其自首的必要证据。

第三，就纪检监察等执法执纪机关移送给检察机关的材料的证据效力而言，材料的证据效力还要区别对待：一是行政机关在行政执法和查办案件过程中收集的物证、书证、视听资料、电子数据等证据材料，应当以该机关的名义移送，经人民检察院审查符合法定要求的，可以作为证据使用。二是行政机关在行政执法和查办案件过程中收集的鉴定意见和勘验、检查笔录，经人民检察院审查符合法定要求的，可以作为证据使用。三是人民检察院办理直接受理立案侦查的案件，对于有关机关在行政执法和查办案件过程中收集的涉案人员供述或者相关人员的证言、陈述，应当重新收集；确有证据证实涉案人员或者相关人员因路途遥远、死亡失踪或者丧失作证能力，无法重新收集，但供述、证言或者陈述的来源、收集程序合法，并有其他证据相印证，经人民检察院审查符合法定要求的，可以作为证据使用。

第四，就侦查部门初查阶段收集的材料的证据效力而言，只要初查取证过程中没有采取刑讯逼供等非法方法取证，该材料就可以作为证据使用。

5. 试述初查的基本方法。

答：初查可采用的方法包括：一是询问控告人、举报人的方法；二是核实控告、举报内容的方法；三是社会调查的方法；四是调查知情人（证人）的方法；五是向有关单位和个人收集、调取证据的方法；六是请求有关部门和公民协助调查的方法，等等。具体包括下述做法：

第一，书面审查。书面审查是初查活动最简捷、最常用的方法之一。办案人员只需对报案人、举报人、控告单位或控告人提供的书面材料及各种证据进行审查、鉴别，即可初步查明涉嫌的犯罪事实是否存在以及是否达到立案、追诉标准。必要时，可以借助刑事技术鉴定手段，对有关资料进行鉴定，判断真伪，为分析判断案情提供依据。

第二，外围调查。外围调查是针对案情复杂或罪与非罪界限不清的案件，办案人员根据现有证据、线索开展调查的一种方式。实践证明，一些物证、书证不仅本身就是案件中的重要证据，而且也是反贪部门寻找其他证据的线索。因此，办案人员要从现有证据、线索出发，选准调查工作的突破口，先从易于查清的被指控事实入手，尽快收集相关证据，实现案情的重点突破。由于在初查阶段侦查机关可利用的调查取证措施有限，又不能采取强制措施和查封、扣押、划拨、冻结财产等侦查措施。在实施线索调查时，要尽量隐蔽办案人员的身份和意图，以避免调查对象销毁、隐匿罪证、转移财产、携款潜逃或采取其他反侦查伎俩，给下一步侦查工作设置障碍。

第三，委托调查。在审查举报材料后，发现有贪污贿赂事实存在的可能或者有犯罪事实存在，但需要进行调查，而检察机关自行调查有困难或者不便的，可委托发案单位、检举人或者税务、审计等行政执法部门进行调查，也可以委托外地检察机关或港澳地区司法机关以及外国司法机关协助调查。

第四，联合调查。联合调查即由检察机关与发案单位或者其上级主管部门抽调相应的人力，开展调查。联合调查应以发案单位或其上级主管部门为主，检察机关主要是做好业务上的指导，主动与对方共同分析材料，研究制定调查方案。

第五，隐蔽身份秘密初查，即隐蔽办案人员的真实身份，以其他身份为掩护而进行的秘密初查。

第六，秘密获取证据，即办案人员通过一定的渠道和方法，在初查对象未察觉的情况下，发现、获取有关贪污贿赂犯罪事实和证据的秘密初查方法。

第七，秘密监控，即在案件初查中，根据实际需要，对有关人、场所和物品进行观察、监视、控制的秘密调查措施。它是为配合其他初查手段而使用的一种辅助性手段，从属于初查，为其他初查方法提供信息、确定线索、指明方向。它包括跟踪监视，即盯梢；守候监视，即坐梢、蹲坑；秘密通过被查对象的上级机关和主管部门，将初查对象暂时调离岗位等。

6. 试述贪污贿赂案件初查中的障碍。

答：第一，侦查人员自身障碍。一是对初查工作存在认识上的误区，在思想上不重视初查工作，对举报线索的分析方法单一，造成初查工作简单化。二是侦查人员对涉案行业基本情况、易发案环节等方面缺乏了解，侦查信心不足。三是侦查人员获取证据手段过于单一。

第二，证据转化障碍。对于证人、知情人对被调查对象进行录音录像、拍照以及侦查人员在相关部门所调取的话单、银行账单等证据材料没有进行认真的分析梳理。在侦查过程当中，没有注重对以上证据的合法转化工作，致使部分有利证据在诉讼中不能为我所用，造成案件质量不高。

第三，数据信息获取障碍。某些被调查对象的账户明细数据不全或无法调取；调取被查对象通话、短信记录的程序过于烦琐，耗费办案成本，而且通话记录只保留半年，会失去很多有利信息；公安、工商、税务、土地、房产、海关等部门信息登记的不完善也制约了初查工作的开展。

第四，人际关系障碍。由于大多数被查对象社会关系复杂，编织了庞大的关系网，而且具有较强的反侦查能力。往往初查工作刚刚开展，被查对象就立即采取隐匿、销毁证据，串供、订立攻守同盟，妨碍证人作证，调动关系网进行干扰等反侦查手段，使初查工作的秘密进行失去了可能性。

7. 试述对于侦查概念的理解。

答：侦查是指侦查机关在办理刑事案件过程中，为了收集、审查证据，揭发、证实犯罪，查获犯罪人，并查清犯罪的具体情况所进行的强制性的专门活动。

第一，侦查是国家的专有权力和行为，行使国家侦查权的主体是法律规定的专门侦查机关。根据我国法律规定，公安机关、国家安全机关、检察机关、监狱、军队保卫部门代表国家分别对不同类型的案件行使侦查权,而其他任何机关、组织或个人都不能实施侦查行为。同时,上述侦查主体中的国家机关工作人员,只有在受所在侦查机关指派时,才能履行侦查职责。

第二,侦查的对象是除自诉案件外的所有刑事案件。根据行使追诉权的主体不同,刑事案件可以分为公诉案件和自诉案件。除自诉案件外,其他刑事案件都要由国家侦查机关侦查,侦查对象包括犯罪嫌疑人和犯罪事实。

第三,侦查的手段是专门调查工作和有关强制性措施。"专门调查工作"是指刑事诉讼法规定的讯问犯罪嫌疑人、询问证人、勘验、检查、搜查、扣押物(书)证、鉴定、通缉等侦查措施。这种调查工作具有法律意义,调查的结果(如讯问笔录、勘验笔录等)可以直接作为证据使用。"有关强制性措施"是指为防止犯罪嫌疑人逃跑、串供、毁灭证据等妨碍侦查行为的发生,而依法采取的拘传、取保候审、监视居住、拘留、逮捕等限制或剥夺人身自由的强制措施和搜查、扣押、冻结财产等侦查措施,以及为保证专门调查工作顺利进行而在必要时采取的监听等技术侦查措施。

第四,侦查的中心任务是收集证据,查清犯罪事实,确定并查获犯罪嫌疑人。查清犯罪事实与确定犯罪嫌疑人,在不同类型的案件中有不同的侧重点。一般来讲,侦查职务犯罪案件的侧重点在于查清犯罪事实,侦查其他刑事犯罪案件的侧重点在于确定犯罪嫌疑人。但从总体上说,二者相互联系,密不可分,查清犯罪事实离不开对犯罪嫌疑人的确定,而对犯罪嫌疑人的最终确定也有赖于犯罪事实的查清。确定并查获犯罪嫌疑人,查清犯罪事实,必须依靠证据。此外,侦查工作还承担着采取有效措施制止犯罪,为国家、集体及个人避免和挽回经济损失的任务,如追逃、追赃等。

第五,侦查必须严格依照法律进行。侦查以国家强制力为后盾,侦查行为的实施都不同程度地具有强制性。只有严格依照宪法、刑事诉讼法、刑法等法律(包括我国签署加入的国际公约)进行侦查,在法律权限范围内采取侦查措施,才能客观全面地收集证据,有效保护公民的合法权益。

8. 试述检察机关的侦查权与法律监督权的关系。

答:根据我国宪法规定,检察机关是国家的法律监督机关。检察机关是受人民代表大会委托执行法律监督的专门国家机关,也是人民代表大会实施法律监督职能的执行机关,宪法和法律赋予它的根本职责就是维护国家法制的统一。检察机关的法律监督以发现、调查和处理法律执行和法律实施中违法犯罪活动的方式,检查督促国家法律正确实施和严格遵守。

为了保障检察机关有效行使法律监督权,人民代表大会从立法上授予了检察机关职务犯罪侦查权、公诉权、诉讼监督权和执行监督权等相应职权,这些职权都是从不同角度、不同方面,以不同方式代表国家实施法律监督。因此,从检察机关职能配置上讲,检察机关的侦查权从属于法律监督权,是法律监督权的重要组成部分。同时,检察机关的侦查权又是检察机关有效履行法律监督职责的有力保障。

第一,对职务犯罪进行侦查是法律监督的重要内容。法律监督是对遵守法律、执行法律和适用法律情况的监督,而且主要是对法律实施各环节严重违反法律的情况进行监督。国家公务人员担负着社会管理的职责,其履行职责的行为实质上是执行国家法律、保障国家法律产生立法所期望的社会效果的重要媒介。公务人员良好的行为具有示范效应,能够引导社会公众遵循法律;反之,其不良行为甚至违法犯罪行为也会因其社会地位和影响力,产生极强的负面效果。为规范国家公务人员的执法活动,保障国家廉政勤政制度的落实,应当及时、有效地对法律执行和法律适用等公务活动中的严重违法情况进行制止和纠正。由检察机关对职务犯罪进行侦查和追诉,是保障法律公正实施的重要内容,与法律监督的性质和目的相吻合。

第二,检察机关对职务犯罪行使侦查权,是其履行法律监督职能、保障法律统一正确实施的重要手段。法律监督要达到促进法律正确统一实施的目标,必然要求对客观存在的职务犯罪活动进行调查并查找其存在的内在缘由,以制定各种规范公务活动的准则和防范措施,确保国家工作人员的公务活动能够严格按照法定程序和标准实施。对职务犯罪的侦查具有司法弹劾的性质,体现了以权力制约权力的监督理念,能够矫正公共权力运行过程中的越轨乃至犯罪行为,达到保障权力规范行使的目的。要及时查获职务犯罪案件的事实和证据,就必然要借助具有强制力的侦查措施,因此,对职务犯罪进行侦查必然成为法律监督的重要手段。

9. 试述如何破解反侦查活动。

答:第一,强化保密工作。由于犯罪嫌疑人具有较强的应变能力,一旦泄露侦查秘密,将使整个侦查活动陷入十分艰难的境地。反之,犯罪嫌疑人及其关系人获取不到侦查活动的相关情况特别是侦查意图,也就无法实施有针对性的措施,反侦查活动也就无法开展。因此,只有做好保密工作,隐蔽侦查意图,偃旗而进,出其不意,才能获取罪证,达到侦查的目的。特别是在侦查团伙犯罪案件时,更应当做好保密工作,整个侦查过程应始终在秘密状态下进行,只能有主管领导和直接参办的侦查人员了解案件情况。即使侦查终结后,许多案件情况也需保密,不给犯罪嫌疑人可乘之机。

第二，加快办案速度。侦查过程本身就是一场侦查与反侦查的较量，而快速准确地实施侦查行动，巧用初查中获取的证据迅速突破，不给犯罪嫌疑人喘息之机，就能把握侦查的主动权。一是在查清某笔犯罪事实并能够追究刑事责任时，就应及时立案，进入侦查程序；二是讯问、取证、追赃可同步进行，使犯罪嫌疑人来不及订立攻守同盟；三是检察机关各内设机构应加快案件的审查速度，在办案时限上不应顶格办理，应力争快速结案，将犯罪嫌疑人反侦查活动发生可能性降到最低。

第三，加大搜查力度。对犯罪嫌疑人住处、办公室等进行搜查，可及时获取犯罪证据和赃款、赃物；对犯罪嫌疑人依法及时适用拘留等强制措施，可以防止其案发后串供或者毁灭、伪造证据甚至自杀、逃跑。实践中，因搜查和适用强制措施不及时而贻误战机，致使赃款赃物被转移等情形屡有发生。

第四，加强监控措施。目前，犯罪嫌疑人在被采取监视居住、取保候审等强制措施期间，所受控制较弱，有机会进行各种反侦查活动。因此，对于这些人员要加强控制，一旦发现其从事反侦查活动，应依法没收保证金，及时变更强制措施，符合逮捕条件的坚决予以逮捕。

第五，强化证据意识。首先，全面、全过程、全方位地收集与案件有关的一切证据。其次，在固定证据上下功夫。对于犯罪嫌疑人口供，可通过让其书写悔过书、犯罪经过等形式，加强口供的证明力；对于证人证言，要避免询问简单化，避免形式随意性。最后，要充分利用视听资料固定证据，进而堵死犯罪嫌疑人翻供的后路。

第六，注重细节，排除疑点。反侦查过程中所进行的掩盖、示假、躲避和抗拒等活动，或是违反生活常规，或是由于条件限制而对细节注意不够，故此，侦查人员应该在侦查中注重细节，发现疑点，进而突破反侦查防线，恢复事实真相。

第七，堵塞漏洞，防止翻供。要不断提高侦查意识，重视原始证据，尽可能地拓宽取证范围，堵塞可能翻供的漏洞，尤其是对证据可变性大的案件，更应缜密调查取证，使犯罪嫌疑人在确凿的证据面前难以翻供。对于犯罪嫌疑人翻供的现象，要认真分析其翻供动机、翻供真伪及翻供的前后关联性，对比分析言词证据与其他证据之间的协调性，察微析疑，辨明是非，弄清事实真相。

第八，加强协作，合力攻坚。积极与公安机关、金融、工商、税务、海关、出入境管理机构、国际刑警组织以及其他国家司法机构等组织的协作，及时通报情况，对社会严密控制，全面收集犯罪嫌疑人的反侦查活动信息。

第九，强化管理，提高素质。一是可实施侦查指挥协调一体化机制。上级人民检察院要帮助基层人民检察院排除来自当地或上层的干扰与阻力，遏制犯罪嫌疑人的反侦查活动。二是要加强侦查工作的科学管理。要根据案件实际情况实行办案组织的相对封闭式管理，最大限度地缩小案件知情面。三是要提高办案人员的侦查素质。四是要加强侦查队伍建设。不仅要加强政治思想教育，增强防腐拒变能力，而且要加强业务素质建设，不断提高侦查人员突破案件的能力。

第十，利用再生证据破解反侦查活动。再生证据是指在贪污贿赂犯罪案件发生后再次形成的证据，是犯罪嫌疑人、被告人及其利益关系人为使犯罪嫌疑人、被告人逃避法律追究而进行的掩盖犯罪事实、隐匿犯罪证据、隐藏包庇犯罪嫌疑人等反侦查活动中形成的从相反角度证明案件真实情况的事实。再生证据除了具有合法性、相关性及客观性等一般特征外，还具有时间性、依附性、易逝性、反证性等特征。灵活利用再生证据，可消除犯罪嫌疑人的对抗心理，证明原生证据，补强已有证据，证明新的犯罪，反映主观恶性，进而有效地破解反侦查活动。

10. 试述再生证据的提取方法。

答：再生证据是指在贪污贿赂犯罪案件发生后再次形成的证据，是犯罪嫌疑人、被告人及其利益关系人为使犯罪嫌疑人、被告人逃避法律追究而进行的掩盖犯罪事实、隐匿犯罪证据、隐藏包庇犯罪嫌疑人等反追诉活动中形成的从相反角度证明案件真实情况的一切事实。再生证据除了具有合法性、相关性及客观性等一般特征外，还具有时间性、依附性、易逝性、反证性等特征。灵活利用再生证据，可消除犯罪嫌疑人的对抗心理，证明原生证据，补强已有证据，证明新的犯罪，反映主观恶性，进而有效地破解反侦查活动。

第一，设置型再生证据的提取方法。即根据犯罪嫌疑人反侦查的心理需要，推定犯罪嫌疑人可能采取的反侦查行为，根据犯罪嫌疑人可能出现的行为进行设定，然后让出空间、提供环境，让犯罪嫌疑人充分地实施反侦查活动，产生再生证据。具体操作上，可有意让行贿人与受贿人直接接触，对行贿人与受贿人的"串供"行为秘密录像、录音，获取有关犯罪证据；也可以利用重要知情人或同案人与受贿人接触，获取有关证据。

第二，触动型再生证据的提取方法。贪污贿赂犯罪案件有很强的隐蔽性，犯罪嫌疑人经常不动声色、按兵不动地观察侦查活动的进展情况。这时，侦查人员可以故意大造声势，触动犯罪嫌疑人及重要知情人，同时做好监控工作，获取相关人员之间串供、移赃等反侦查活动的证据。

第三，利用型再生证据的提取方法。根据犯罪嫌疑人趋利避害的心理需要，利用他们利己的一面，瓦解剥离犯罪嫌疑人和其他关系人的密切关系，让那些与案件有某种关系的人，重现犯罪过程，产生再生证据，为我们服务。

第四，诱惑型再生证据的提取方法，即以假象掩盖真实意图，诱惑犯罪嫌疑人创建再生证据。

第五，调动型再生证据的提取方法。调动型的方法是办案人选择一个目标范围，调动犯罪嫌疑人或利害关系人，围绕办案人员为其划定的反侦查行动范围目标，进行的反侦查活动。

第六，伪证型再生证据的提取方法，就是利用伪证性再生证据发现犯罪分子新的犯罪线索，避免犯罪分子蒙混过关。

第七，毁证型再生证据的提取方法，就是运用毁证性再生证据，弥补案件中原生证据的不足，起到完全证明的作用。在刑事诉讼当中，证据并不是孤立的，而是相互印证、相互联系的证据链。因此，对再生证据的收集运用，一方面可以增加证据的数量，验证原生证据的真实性；另一方面在职务犯罪案件中，特别是在贿赂案件中"一对一"的情况下，一旦掌握了犯罪嫌疑人毁灭、篡改证据的事实，就可以利用再生证据的反证性反证犯罪嫌疑人狡辩和翻供的不真实性，从而提高原生证据的证明力，对案件起到完全证明的作用。

第八，刺探型再生证据的提取方法。每一个犯罪嫌疑人在被侦查机关怀疑或侦查时，都渴望了解侦查人员手中掌握的证据和犯罪情况，以便谋划反侦查对策，因此多会四处活动，打听有关消息。侦查人员可以利用犯罪嫌疑人的这一心理，将计就计，从而将犯罪分子一网打尽。

第九，跟踪型获取再生犯罪线索的方法。这里的跟踪实际上就是盯梢，侦查人员通过秘密跟踪侦查对象来获取作案人反侦查的相关线索。

第十，内线型获取再生犯罪线索的方法。这是侦查人员通过可靠人员或者利用矛盾控制有关当事人充当内线，积极接触犯罪嫌疑人获取相关信息和犯罪线索的方法。利用犯罪嫌疑人的熟人、朋友或直接派我工作人员，靠近犯罪嫌疑人，获取其信任，为其串供"服务"，从中获取串供的证据和侦查线索。

第十一，亲友型获取再生犯罪线索的方法。贪污贿赂案件的犯罪嫌疑人在得知自己的犯罪行为案发的信息后，不但会积极地进行串供、订立攻守同盟，积极地打探案件情况，而且还会积极地转移财产，找关系说情，阻止侦查活动的正常进行。上述的这些行为大多是在犯罪嫌疑人的亲友圈内进行。司法实践中，犯罪嫌疑人转移的财产大多都是转移到自己的亲友那里，转移的去处是犯罪嫌疑人最信任的地方，否则他们是不会把自己的身家性命托付给对方的。

11. 试述对贪污贿赂犯罪嫌疑人潜逃境外的应对方法。

答：第一，防范犯罪嫌疑人向境外转移资产。一是积极采取扣押、查封等侦查措施。依法查询和冻结犯罪嫌疑人的银行存款,是检察机关查办贪污贿赂犯罪案件的重要侦查措施之一,只要查明存在作为犯罪所得的财物,就要依法进行扣押、冻结、查封等。用好这项措施,不仅能有效防止犯罪嫌疑人及其家属转移赃款,最大限度地为国家挽回经济损失,而且还能为准确判断犯罪嫌疑人有否携款潜逃、潜逃方向及拟定追逃方案提供依据。二是注重发挥金融机构在对外资金流动中的监督和管理作用。严格控制资金外流,堵死潜逃者的后路,也是必要的防范措施。因此,要加强与金融、外汇等部门的协作,查找和监控犯罪嫌疑人的赃款动向,切实防范资产向境外转移。

第二,尽最大可能将犯罪嫌疑人控制在境内。检察机关一旦发现犯罪嫌疑人潜逃,首先要收集有关情报信息,判断可能潜逃的方向、隐藏地点,制定相应的追逃策略。同时加强与公安机关、海关、国家安全机关等部门协作,尽量在境内缉捕到犯罪嫌疑人。一是上网追逃。按照最高人民检察院、公安部《关于开展追捕在逃职务犯罪嫌疑人专项行动的通知》要求,对在逃贪官要全部上公安部追逃网缉捕。要有效利用公安机关的警力资源,将犯罪嫌疑人及时上网通缉,这样,在国内不论什么地方,只要发现名单上有在逃的犯罪嫌疑人,就可以将其缉拿归案。二是办理边控。在办案中,发现犯罪嫌疑人刚刚外逃的,应立即对邻近的车站、码头、机场、可能出境的口岸等进行布控。对于已逃出本地但仍未逃出国境的犯罪嫌疑人,从控制可能外逃的途径入手,及时采取边境控制措施,予以堵截。三是商请公安机关、国家安全机关对其可能与之联系的通信工具使用技侦手段实施侦控,以发现犯罪嫌疑人逃向线索。

第三,境外追逃与国际司法合作。所谓境外追逃,就是设法采用引渡或者其他替代手段将潜逃到或者藏匿在境外的犯罪嫌疑人遣返回国,同时将被非法转移到境外的犯罪所得或者收益予以冻结、扣押或没收,并最终实现返还。因此,境外追逃属于国际刑事司法合作的范围,其成效如何最终取决于国际公约与双边条约的规定。由于境外追逃工作涉及不同国家的主权和刑事司法管辖权,必须严格依法、规范地进行,不仅要遵守我国法律,还要尊重相关国家或地区的法律,遵守国际条约和国际惯例。

目前来看,我国在境外追逃方面,主要依靠引渡、遣返、劝返等正式和非正式的国际警务、检务、司法合作措施,通常采用外交途径和国际刑警组织两种渠道。

反贪污贿赂犯罪侦查分论练习题

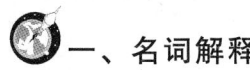 一、名词解释

1. 贪污罪

国家工作人员和受国家机关、国有公司、企业、事业单位、人民团体委托管理、经营国有财产的人员，利用职务上的便利，侵吞、窃取、骗取或者以其他手段非法占有公共财物的行为。

2. 公务

代表国家机关、国有公司、企业、事业单位、人民团体等依法履行组织、领导、监督、管理等职务活动。

3. 单位受贿罪

国家机关、国有公司、企业、事业单位、人民团体，索取、非法收受他人财物，为他人谋取利益，情节严重的行为。

4. 斡旋受贿

国家工作人员利用本人职权或者地位形成的便利条件，通过其他国家工作人员职务上的行为，为请托人谋取不正当利益，索取或者收受请托人财物的行为。

5. 利用影响力受贿罪

国家工作人员的近亲属或者其他与该国家工作人员关系密切的人，通过该国家工作人员职务上的行为，或者利用该国家工作人员职权或者地位形成的便利条件，通过其他国家工作人员职务上的行为，为请托人谋取不正当利益，索取请托人财物或者收受请托人财物，数额较大或者有其他较重情节的行为。

6. 特定关系人

与国家工作人员有近亲属、情妇（夫）以及其他共同利益关系的人。

7. 行受贿犯罪中的"经济往来"

国家经济管理活动以及国家工作人员直接参与到购销商品或者提供、接受服务等交易活动。

8. 介绍贿赂罪

在行贿人与受贿人之间牵线搭桥、沟通关系、撮合条件，使贿赂行为得以实现的行为。

9. 单位行贿罪

单位为谋取不正当利益而行贿，或者违反国家规定，给予国家工作人员以回扣、手续费，情节严重的行为。

10. 单位犯罪中的"单位意志"

单位意志是决定单位行贿罪与行贿罪的主要区别之一，单位行贿罪要求犯罪行为必须反映单位意志。每个单位都有其决策机关，单位犯罪意志就是由其决策机关形成的，经过一定决策程序，并按决策程序在决策机关的策划、授意、批准、默认或指挥下实施犯罪。一般认为，经过单位集体研究决定的，大多数情况下可以认定为单位的整体意志。另外，如果单位负责人是为了单位的利益，而非从个人利益出发作出行贿决定并实施行贿行为，则说明"谋取不正当利益"具有整体性，也可以认定该行为体现了单位意志。

11. 巨额财产来源不明罪中的"财产"

国家工作人员实际拥有的财产，包括住房、银行存款、现金、保险、证券、交通工具等。如果财产名义上属于别人但是实质上归行为人控制，这些财产应当属于行为人实际拥有的财产。

12. 国有资产

国家依法取得和认定的，或者国家以各种形式对企业投资和投资收益、国家向行政事业单位拨款等形成的资产。

13. 私分罚没财物罪

司法机关、行政执行机关违反国家规定，将应当上缴国家的罚没财物，以单位名义集体私分给个人，数额较大的行为。

二、选择题

1. 其他依法从事公务的人员包括（　　）。（**ABCD**）
   A. 协助人民政府从事特定行政管理工作的村民委员会等村基层组织人员
   B. 依法履行职责的各级人民代表大会代表
   C. 履行审判职责的人民陪审员
   D. 其他由法律授权从事公务的人员

[解析] 其他依照法律从事公务的人员包括：第一，协助人民政府从事特定行政管理工作的居民委员会、村民委员会等基层组织人员；第二，依法履行职责的各级人民代表大会代表；第三，履行审判职责的人民陪审员；第四，其他由法律授权从事公务的人员。

2. 公共财产（公共财物）包括（　　）。（**ABCD**）
   A. 国有财产
   B. 劳动群众集体所有的财产
   C. 用于扶贫和其他公益事业的社会捐助或专项基金的财产
   D. 在国家机关、国有公司、企业、集体企业和人民团体管理、使用或者运输中的私人财产

[解析] 《刑法》第91条规定："本法所称公共财产，是指下列财产：（一）国有财产；（二）劳动群众集体所有的财产；（三）用于扶贫和其他公益事业的社会捐助或者专项基金的财产。在国家机关、国有公司、企业、集体企业和人民团体管理、使用或者运输中的私人财产，以公共财产论。"

3. 国家机关工作人员是指在各级国家（　　）中从事公务的人员。（**ABCD**）
   A. 权力机关　　　　　　B. 行政机关
   C. 审判机关　　　　　　D. 军事机关

[解析] 国家机关工作人员指在各级国家权力机关、行政机关、审判机关和军事机关中从事公务的人员。

4. 根据《刑法》第93条的规定，国家工作人员包括（　　）。（**ABCD**）
   A. 在国家机关中从事公务的人员
   B. 在国有公司、企业、事业单位、人民团体中从事公务的人员

C. 国家机关、国有公司、企业、事业单位委派到非国有公司、企业、事业单位、社会团体从事公务的人员

D. 其他依照法律从事公务的人员

[解析]《刑法》第93条第2款规定："国有公司、企业、事业单位、人民团体中从事公务的人员和国家机关、国有公司、企业、事业单位委派到非国有公司、企业、事业单位、社会团体从事公务的人员，以及其他依照法律从事公务的人员，以国家工作人员论。"

5. 侦查贪污案件的根本措施是（　　）。（D）

　A. 讯问犯罪嫌疑人　　　　B. 询问证人

　C. 技术侦查　　　　　　　D. 清查会计资料和款物

[解析] 贪污作为侵犯单位公共财产的犯罪，犯罪事实大多会在会计资料中反映出来，有些虽无直接反映（如截留收款等），但仍被各种相关的财务关系和会计资料所控制，根据会计资料的提示，循着经济活动的方向进行追查，也能查出犯罪事实。因此，清查会计资料和款物，是侦查贪污案件的有效措施。

6. 贪污案件线索审查的方法主要有（　　）。（ABD）

　A. 书面审查　　　　　　　B. 接谈审查

　C. 公开审查　　　　　　　D. 初步调查

[解析] 人民检察院反贪部门对受理的线索材料一般应在10日内，由线索专管员填写《检察机关贪污贿赂案件线索登记分流审批表》；对不属于人民检察院管辖的，应当移送有管辖权的机关或部门；对于实名举报，经审查认为内容不清的，承办人员可以约举报人面谈或补充材料。因此，贪污案件线索审查的方法主要包括书面审查、接谈审查和初步调查。

7. 个人受贿数额在（　　）以上的应当立案。（B）

　A. 2000元　　B. 5000元　　C. 10000元　　D. 20000元

[解析] 根据《刑法》第383条、第386条的规定，个人受贿数额在5000元以上的应当立案。

8. 国家工作人员在经济往来中，违反国家规定，收受各种名义的（　　）归个人所有的，以受贿论处。（AD）

　A. 回扣　　　　　　　　　B. 折扣

C. 茶水费　　　　　　　　D. 手续费

[解析]《刑法》第385条第2款规定:"国家工作人员在经济往来中,违反国家规定,收受各种名义的回扣、手续费,归个人所有的,以受贿论处。"

9. 行贿数额不满1万元,但具有下列（　　）情形的,应予立案。（**ABCD**）

A. 为谋取非法利益而行贿的
B. 向3人以上行贿的
C. 向党政领导、司法工作人员、行政执法人员行贿的
D. 致使国家或者社会利益遭受重大损失的

[解析] 最高人民检察院《关于人民检察院直接受理立案侦查案件立案标准的规定（试行）》规定,行贿罪立案标准是:第一,行贿数额在1万元以上的;第二,行贿数额不满1万元,但具有下列情形之一的:(1) 为谋取非法利益而行贿的;(2) 向3人以上行贿的;(3) 向党政领导、司法工作人员、行政执法人员行贿的;(4) 致使国家或者社会利益遭受重大损失的。

10. 请托人通过向国家工作人员或有关单位送钱送物,谋取不正当利益。以下（　　）情况应认定为"谋取不正当利益"。（**ABC**）

A. 通过有关国家工作人员擅自利用职务上的便利,谋取偷税、漏税、少缴、不缴税款
B. 使用虚假经济合同,通过行贿手段骗取银行贷款,而受贿人贷款审批手续合法
C. 为了加快工程款结算进度,给予相关国家工作人员好处费,而在规定付款期限前获得工程款
D. 为了能够获得图书购销合同,给予购书单位明码折扣

[解析]"谋取不正当利益"是指:第一,谋取违反法律、法规、规章或者政策规定的利益,即谋取实体违法性利益。第二,要求国家工作人员提供违反法律、法规、规章、政策、行业规范的规定提供帮助或者方便条件。第三,在招标投标、政府采购等商业活动中,违背公平原则,给予相关人员财物以谋取竞争优势。

11. 介绍单位向国家工作人员贿赂数额不满20万元,但具有（　　）情形的应当立案侦查。（**ABCD**）

A. 为使行贿人获取非法利益而介绍贿赂的

B. 3 次以上或者为 3 人以上介绍贿赂的

C. 向党政领导、司法工作人员、行政执法人员介绍贿赂的

D. 致使国家或者社会利益遭受重大损失的

[解析] 最高人民检察院《关于人民检察院直接受理立案侦查案件立案标准的规定（试行）》规定，介绍贿赂罪立案标准是：第一，介绍个人向国家工作人员行贿，数额在 2 万元以上的；介绍单位向国家工作人员行贿，数额在 20 万元以上的；第二，介绍贿赂数额不满上述标准，但具有下列情形之一的：(1) 为使行贿人获取非法利益而介绍贿赂的；(2) 介绍 3 次以上或者为 3 人以上介绍贿赂的；(3) 向党政领导、司法工作人员、行政执法人员介绍贿赂的；(4) 致使国家或者社会利益遭受重大损失的。

12. 下列行为中，可以理解为"致使国家或者社会利益遭受重大损失的行为"的是（　　）。(**ABCD**)

A. 在救灾、抢险、防汛、优抚、扶贫、移民、重大工程等工作中，介绍贿赂，造成国家、集体利益以及公民的生命健康、财产安全重大损失的

B. 在外交、军事、统战等重大活动中介绍贿赂，造成国家利益重大损失的

C. 造成恶劣的社会影响甚至国际影响的

D. 为行贿人制售假冒伪劣产品，非法获得工程、项目的开发、承包、经营权，以及进行走私、偷税、骗税、骗汇、逃汇、非法经营等违法犯罪活动而居中介绍贿赂，造成严重后果的

[解析]"致使国家或者社会利益遭受重大损失的"，一般可以理解为在救灾、抢险、防汛、优抚、扶贫、移民、重大工程等工作中，介绍贿赂，造成国家、集体利益以及公民的生命健康、财产安全重大损失的；在外交、军事、统战等重大活动中介绍贿赂，造成国家利益重大损失的；造成恶劣的社会影响甚至国际影响的；为行贿人制售假冒伪劣产品，非法获得工程、项目的开发、承包、经营权，以及进行走私、逃税、骗税、骗汇、逃汇、非法经营等违法犯罪活动而居中介绍贿赂，造成严重后果的，等等。

13. 单位为谋取不正当利益而行贿，数额在 10 万元以上不满 20 万元，但具有（　　）情形的应当予以立案侦查。(**ABCD**)

A. 为谋取非法利益而行贿的

B. 致使国家或者社会利益遭受损失的

C. 向党政领导、司法工作人员、行政执法人员行贿的

D. 向 3 人以上行贿的

[解析] 最高人民检察院《关于人民检察院直接受理立案侦查案件立案标准的规定（试行）》规定，单位行贿罪立案标准为：第一，单位行贿数额在 20 万元以上的。第二，单位为谋取不正当利益而行贿，数额在 10 万元以上不满 20 万元，但具有下列情形之一的：（1）为谋取非法利益而行贿的；（2）向 3 人以上行贿的；（3）向党政领导、司法工作人员、行政执法人员行贿的；（4）致使国家或者社会利益遭受重大损失的。

14. 巨额财产来源不明，数额在（　　）万元以上的，应予立案。（**D**）

　　A. 5000 元　　　　B. 5 万元　　　　C. 10 万元　　　　D. 30 万元

[解析] 最高人民检察院《关于人民检察院直接受理立案侦查案件立案标准的规定（试行）》规定，巨额财产来源不明，数额在 30 万元以上的，应予立案。

15. 巨额财产来源不明犯罪案件侦查中，为查证犯罪嫌疑人持有财产及其来源与支出情况，必须首先查清的人员基本情况有（　　）。（**ABD**）

　　A. 犯罪嫌疑人基本情况

　　B. 犯罪嫌疑人主要亲属的基本情况

　　C. 全部往来关系人的基本情况

　　D. 特定关系人基本情况

[解析] 为查证犯罪嫌疑人持有财产及其来源与支出情况，必须首先查清其本人及其近亲属等特定关系人的基本情况。（1）犯罪嫌疑人基本情况。（2）犯罪嫌疑人主要亲属的基本情况。（3）其他特定关系人基本情况。

16. 其他家庭成员构成巨额财产来源不明的共同犯罪的前提条件是（　　）。（**A**）

　　A. 其他家庭成员必须明知超过合法收入的巨额家庭财产来源于非法途径，而与国家工作人员共同持有

　　B. 其他家庭成员与国家工作人员实际共同持有超过合法收入的巨额家庭财产

　　C. 其他家庭成员希望自己与国家工作人员共同持有来源于非法途径的超过合法收入的巨额家庭财产

　　D. 其他关系人可能与国家工作人员共同持有超过合法收入的巨额家庭财产

[解析] 巨额财产来源不明罪的主体只能是国家工作人员，司法实践中，其他家庭成员构成巨额财产来源不明的共同犯罪的前提条件是其他家庭成员必须明知超过合法收入的巨额家庭财产来源于非法途径，而与国家工作人员共同持有。

17. 私分国有资产的立案标准是累计数额达到（　　）元。（**B**）
   A. 5万　　　B. 10万　　　C. 30万　　　D. 5000元

[解析] 最高人民检察院《关于人民检察院直接受理立案侦查案件立案标准的规定（试行）》规定，私分国有资产罪是指国家机关、国有公司、企业、事业单位、人民团体，违反国家规定，以单位名义将国有资产集体私分给个人，数额较大的行为。涉嫌私分国有资产，累计数额在10万元以上的，应予立案。

18. 下列属于犯罪嫌疑人合法家庭财产来源的有（　　）。（**ABCD**）
   A. 彩票中奖所得　　　　B. 继承所得
   C. 股票买卖所得　　　　D. 劳务所得

[解析] 合法家庭财产来源主要包括：（1）工薪、社会保障所得；（2）劳务、知识产权所得；（3）投资所得，包括金融投资所得利息、股息、红利等；（4）继承遗产、接受捐赠所得；（5）受偿所得；（6）偶然所得，非经常性奖励、彩票中奖、拾获所得以及享有的债权等。

三、判断题

1. 贪污犯罪侵犯的客体是简单客体。（**错误**）

[解析] 贪污犯罪侵犯的客体是复杂客体，既侵犯了国家工作人员职务行为的廉洁性，也侵犯了公共财产的所有权，其中，前者是本罪的主要客体。

2. 实践中，对贪污案件线索的初查一般都采取公开的方式进行。（**错误**）

[解析] 对贪污贿赂案件线索的初查一般应采取秘密方式进行。

3. 在乡（镇）以上党政机关中从事公务的人员，应视为国家机关工作人员。（**正确**）

4. 挪用公款归个人使用仅限于将公款供本人使用。(**错误**)

[**解析**] 挪用公款归个人使用包括挪用公款归本人使用和交给其他人使用。

5. 挪用公款归个人用于公司、企业注册资本验资证明的,不应认定为挪用公款进行营利活动。(**错误**)

[**解析**] 挪用公款归个人用于公司、企业注册资本验资证明的,应认定为挪用公款进行营利活动。

6. 挪用金融凭证、有价证券用于质押的,不宜以挪用公款罪定罪处罚。(**错误**)

[**解析**] 挪用金融凭证、有价证券用于质押的,应以挪用公款罪定罪处罚。

7. 行为人携带挪用的公款潜逃的,对其携带挪用的公款部分,应以贪污罪定罪处罚。(**正确**)

8. 贿赂犯罪的主体是特殊主体。(**错误**)

[**解析**] 受贿罪是特殊主体,行贿罪、介绍贿赂罪等为一般主体。

9. 贿赂既包括物质性利益,也包括非物质性利益。(**错误**)

[**解析**] 目前法律规定的贿赂只包括物质性利益。

10. 对不构成犯罪的贪污贿赂行为不应追究责任。(**错误**)

[**解析**] 对不构成犯罪的贪污贿赂行为可不追究其刑事责任,但应追究相关的党纪、行政责任。

11. 凡收取"回扣"者,一律应视为受贿。(**错误**)

[**解析**] 国家工作人员在经济往来中,违反国家规定,收受各种名义的回扣、手续费,归个人所有的,以受贿论处;但收受了回扣、手续费后上交到本单位,没有归个人所有的,则不构成犯罪。

12. 认定是否构成行贿犯罪就是要看行贿人是否谋取了非法利益。(**错误**)

[解析] 认定是否构成行贿犯罪是要看行贿人是否谋取了不正当利益。

13. 贪污贿赂案件一般无可供勘查的犯罪现场。(正确)

14. 因被勒索给予国家工作人员以财物,没有获得不正当利益的,不是行贿。(正确)

15. 行贿罪中谋取实体违法性利益是指谋取违反法律的利益。(错误)
[解析] 行贿罪中谋取实体违法性利益包括违反法律、法规、规章或者政策规定的利益。

16. 行为人在实施犯罪后,为逃脱或者减轻刑事责任,而给有关国家工作人员以财物,又构成行贿罪的,应当以前罪定罪。(错误)
[解析] 行为人在实施犯罪后,为逃脱或者减轻刑事责任,而给有关国家工作人员以财物,又构成行贿罪的,应以行贿罪与行为人实施的其他犯罪数罪并罚。

17. 介绍贿赂罪的犯罪主观方面表现为直接故意。(正确)

18. 国家工作人员利用自身职权或者地位形成的便利条件,对其他国家工作人员施加影响,撮合请托人与其他国家工作人员之间发生贿赂,使后者利用职务上的行为,为请托人谋取不正当利益,介绍贿赂者同时又索取或收受请托人的财物作为介绍费。根据罪数原理,应当以介绍贿赂罪与斡旋受贿罪予以认定。(错误)
[解析] 在这种情形中,介绍贿赂与斡旋受贿行为相混合,行为人的行为既符合介绍贿赂罪的构成要件,又符合受贿罪中斡旋受贿构成要件,应构成两罪。但是,由于行为人介绍贿赂是为了可以从中斡旋受贿,所以介绍贿赂与斡旋受贿之间是手段行为与目的行为的关系。根据罪数原理,行为人以实施一个犯罪为目的,但其方法行为或结果行为又触犯其他罪名的犯罪形态属于牵连犯。牵连犯属于实质的数罪,但对牵连犯应当从一重处断,即选择法定刑较重的罪名处罚。因此,对介绍贿赂与斡旋受贿混合的,应按受贿罪定罪处罚。

19. 单位行贿犯罪构成的犯罪主观方面表现为直接故意,并且具有谋取利益的目的。(错误)

[解析] 犯罪主观方面表现为直接故意，并且具有谋取不正当利益的目的。单位行贿的目的必须是为了单位谋取不正当利益。如果单位的某些个人为了谋取自己的利益而以单位名义行贿的，则不应认定为单位行贿。

20. 单位行贿犯罪案件由于涉及人员较多、情况复杂，因此广泛适用羁押性强制措施以震慑犯罪人。（错误）

[解析] 在查处单位行贿案时，由于涉及的直接责任人员主要是单位负责人，一旦对其立案侦查并采取羁押性强制措施，很可能对单位的正常活动带来不同程度的负面影响。因此，要综合考虑犯罪嫌疑人交代犯罪事实的态度、程度等，慎用拘留、逮捕等羁押性强制措施；确需适用的，要和有关部门做好协调沟通工作，安排好单位正常的活动，确保不因对单位负责人采取强制措施而影响单位发展，以实现良好的社会效果。

21. 单位内设机构不能构成单位行贿罪的犯罪主体。（错误）

[解析] 以单位的下属部门（内部职能部门）或分支机构名义实施犯罪，违法所得亦归单位的下属部门（内部职能部门）或者分支机构所有的，应认定为单位犯罪；不能因为单位的下属部门（内部职能部门）或者分支机构没有可供执行罚金的财产，就不将其认定为单位犯罪而按照个人犯罪处理。

22. 单位行贿犯罪中的单位犯罪意志是经过一定程序，将单位主管人员或其他直接责任人员的个人意志上升为单位意志。（正确）

23. 巨额财产来源不明罪中"行为人不能说明巨额财产的来源"是指行为人本人拒绝说明其来源。（错误）

[解析] "不能说明合法来源"是指以下四种情况：第一，行为人拒不说明财产来源；第二，行为人无法说明财产的具体来源；第三，行为人所说的财产来源经司法机关查证并不属实；第四，行为人所说的财产来源因线索不具体等原因，司法机关无法查实，但能排除存在来源合法的可能性和合理性的。

24. 家庭成员可以构成巨额财产来源不明罪的共犯。（正确）

25. 巨额财产来源不明罪中，在计算行为人的财产时，不论合法财产还是非法财产，都仅限于行为人当时实际占有的财产。（错误）

[解析] 巨额财产来源不明罪中，在计算行为人的财产时，不论合法财产

还是非法财产，都不能仅限于行为人当时实际占有的财产，还包括虽未实际占有但已实际控制、支配的财物。

26. 我国目前在巨额财产来源不明罪的共同犯罪认定中依据的是"主犯决定论"的观点。（正确）

27. 巨额财产来源不明罪的侦查中，"差额巨大"的数额标准是在30万元以上。（正确）

28. 任何人只要隐瞒不报境外存款折合人民币超过30万元以上的，都应予立案追究刑事责任。（错误）
[解析] 只有国家工作人员隐瞒不报境外存款折合人民币超过30万元以上的，才需要追究刑事责任。

29. 隐瞒境外存款罪的犯罪客体是国家外汇管理制度。（错误）
[解析] 隐瞒境外存款罪侵犯的客体是复杂客体，即国家的廉政制度和国家外汇管理制度。

30. 私分国有资产罪侵犯的直接客体是国有资产的管理制度及其所有权。（正确）

31. 私分罚没款物罪只能追究单位直接负责的主管人员和其他直接责任人员的刑事责任。（正确）

32. 在对犯罪嫌疑人的实物财产进行价格折算出现模棱两可的情形时，应采取有利于犯罪嫌疑人的计算原则。（正确）

33. 犯罪嫌疑人在亲友带领侦查人员前来抓捕时无拒捕行为，并如实供认犯罪事实的，虽然不能认定为自动投案，但可以参照法律对自首的有关规定酌情从轻处罚。（正确）

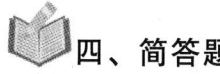 **四、简答题**

1. 村民委员会等村基层组织人员在从事哪些工作时属于《刑法》第 93 条第 2 款规定的"其他依照法律从事公务的人员"?

答:村民委员会等村基层组织人员协助人民政府从事下列行政管理工作时,属于《刑法》第 93 条第 1 款规定的"其他依照法律从事公务的人员":一是救灾、抢险、防汛、优抚、扶贫、移民、救济款物的管理;二是社会捐助公益事业款物的管理;三是国有土地的经营和管理;四是土地征收、征用补偿费用的管理;五是代征、代缴税款;六是有关计划生育、户籍、征兵工作;七是协助人民政府从事的其他行政管理工作。

2. "为他人谋取利益"应如何理解与把握?

答:第一,"为他人谋取利益"包括承诺、实施和实现三个阶段的行为。只要具有其中一个阶段的行为,就具备了为他人谋取利益的要件。至于由于种种原因,国家工作人员在承诺后并没有为请托人谋取到利益,不影响受贿罪认定。第二,为他人谋取的利益性质是否正当、合法,不影响受贿罪的认定。第三,明知他人有具体请托事项而收受其财物的,视为承诺为他人谋取利益。也就是说,国家工作人员的承诺并不限于明示的承诺。当国家工作人员明知对方的意图而接受财物的,同样也是一种承诺,而且这种默示的承诺在实践中也是很普遍的。

3. 办案中如何理解、把握"谋取不正当利益"?

答:第一,谋取违反法律、法规、规章或者政策规定的利益,即谋取实体违法性利益。第二,要求国家工作人员提供违反法律、法规、规章、政策、行业规范的规定提供帮助或者方便条件,即要求提供违法帮助,谋取程序上的不正当利益。行为人通过行贿手段所要最终获取的利益本身可能不违反法律、法规、规章或者政策规定,但其要求国家工作人员或者有关单位为其提供帮助的手段却违反法律、法规、规章、政策、行业规范的规定,或者要求国家工作人员或者有关单位通过违反法律、法规、规章、政策、行业规范规定的手段提供该利益。第三,在招标投标、政府采购等商业活动中,违背公平原则,给予相关人员财物以谋取竞争优势。

4. 以"垫付资金"为名的受贿案件应如何侦查？

答：对以"垫付资金"为名受贿的案件，重点要查清：第一，有无垫付正当理由；第二，在有付款能力、机会情况下为何没有付款的原因；第三，有无付款的意思表示和行动；第四，对已付款的，要查付款的实际时间，必要时可对发票等书证做笔迹等技术鉴定；第五，查清双方对垫款的真实态度等。

5. 简述单位受贿犯罪的特点。

答：第一，单位受贿犯罪具有组织性、整体性特点。单位受贿犯罪行为是在单位的组织机构或决策者的指挥下，由单位成员实施的有组织行为，且单位受贿犯罪体现着单位整体意志，其目的也是为了单位整体利益。第二，以合法外衣为掩护，具有极强的隐蔽性和欺骗性。单位受贿犯罪行为利用了国有单位合法外衣，以职务或业务活动之名，行受贿犯罪之实。第三，涉案领域多、区域广、数额巨大。涉案的不少国有单位在代表国家进行社会管理和经济活动中，以组织的形式掌控着巨大的社会资源和资金，经济交往对象往往涉及多个领域，跨区域甚至跨国。第四，犯罪参与人反侦查能力强，调查取证难、阻力大。本罪犯罪参与人都是同一单位的相关人员，往往是贿赂的共同受益人，共同利益关系使他们极易串供、订立攻守同盟或毁灭证据，因而单位受贿犯罪的反侦查能力比个人受贿犯罪反侦查能力更强。第五，案中隐案，易发生个人犯罪。由于单位受贿款往往在账外循环，财物失去监管，支出由少数人或个别人说了算，极易被个人贪污和挪用。

6. 简述行贿罪犯罪构成的犯罪客观方面。

答：第一，行贿罪的客观方面表现为行贿人给予国家工作人员以财物的行为，只有在实际谋取了不正当利益的情况下，才构成行贿罪。因被勒索而给予国家工作人员以财物，没有获得不正当利益的，不构成行贿犯罪。第二，在经济往来中，违反国家规定，给予国家工作人员以财物，数额较大的，或者违反国家规定，给予国家工作人员以各种名义的回扣、手续费的，以行贿论处。

7. 简述讯问行贿犯罪嫌疑人的策略。

答：第一，教育规劝，对犯罪嫌疑人进行法律、政策攻心。办案人员对其讲明法律规定及有关部门的相关政策性规定，引导其权衡利弊，如实交代所犯罪行。第二，利用矛盾，揭穿犯罪嫌疑人的谎言。行贿人有罪而不认罪，就必然会出现歪曲事实、编造情节的情况。要倾听犯罪嫌疑人的陈述，抓住其矛盾并适时将其点破，使谎言不攻自破。第三，避实就虚，避开犯罪嫌疑人防备的问题，选择旁枝末节进行提问，使犯罪嫌疑人转移注意力，不知不觉将犯罪问题暴露出来。特别是当面对"一对一"贿赂案件的犯罪嫌疑人进行讯问时，要拓宽取证渠道，采取多种取证措施，以期从中发现有价值的证据材料。

8. 贿赂案件侦查中如何运用分化瓦解的策略方法？

答：第一，在处理的方法上要分案，不要绑在一起。侦查贿赂案件一般按照"先行贿后受贿"的方式办理。第二，在强制措施适用上，在符合条件情况下应有所区别，即对受贿人逮捕后取保候审要慎重，而对行贿人，在其彻底坦白行贿事实后，如果符合取保候审条件，则可考虑取保候审。第三，处理行贿人时，不仅要根据其行贿数额、情节和危害后果，还要考虑其在侦查等诉讼活动中交代行贿事实的主动和彻底程度，依法从严或从宽，对在追诉前主动交代行贿事实的，可以依法减轻或免除处罚。

9. 如何区分行贿行为与馈赠行为？

答：二者的区别主要表现在：第一，目的、动机不同。行贿是行为人为了让对方利用职务之便为自己谋取不正当利益的一种钱权交易；馈赠则是为了增加亲朋好友间的情谊，不是以财物收买权力。第二，内容和方式不同。行贿往往是秘密进行的，给付财物是附条件的，并且多借"红包"等形式掩人耳目，双方心领神会；馈赠则一般是公开的，并且是无条件的。第三，行贿与馈赠的本质区别是有无要求收受财物者利用职务便利为自己谋取不正当利益。

10. 如何区分行贿与送礼不正之风？

答：区分二者的关键在于行为人主观上是否具有利用收受财物者职务上的便利为自己谋取不正当利益的目的。根据这一标准，下述情况属于送礼不正之风：第一，行为人因某种正当利益得不到解决，而给有关人员送钱送物。第二，行为人为答谢他人的帮助而送其少量财物。第三，行为人因对方勒索而给予对方财物，但没有谋取不正当利益的。

11. 简述行贿罪与单位行贿罪的界限。

答：第一，犯罪主体不同。行贿罪的主体是自然人，单位行贿罪主体是公司、企业、事业单位、机关、团体等单位。个人为进行行贿等违法犯罪活动而设立的公司、企业等单位，或者单位设立后，以实施行贿犯罪为主要活动的，不应以单位行贿犯罪论处。以单位的内部职能部门、下属部门或者分支机构名义实施行贿犯罪，违法所得归单位内部职能部门所有的，也应认定为单位行贿犯罪。对以单位名义行贿而实际是为了个人利益，或者单位行贿后取得的违法所得归个人所有的，均应认定为个人行贿。

第二，犯罪的主观意志和主观目的不同。个人谋取不正当利益而行贿的是个人行贿，体现的是个人意志；单位谋取不正当利益而行贿的是单位行贿，体现的是单位集体意志。对以单位名义行贿而实际是为了个人利益，或者单位行贿后取得的违法所得归个人所有的，均应认定为个人行贿。

12. 简述行贿罪与对非国家工作人员行贿罪的界限。

答：第一，行贿对象不同。行贿罪对象是国家工作人员，对非国家工作人员行贿罪的对象是非国有公司、企业或其他单位的工作人员。如果对象是国有公司、企业中从事公务的人员或者国有公司、企业委派到非国有公司、企业或其他单位从事公务的人员，对行贿人则应以行贿罪而不是以对非国家工作人员行贿罪定罪处罚。第二，构成犯罪的数额要求不同。法律没有规定必须"数额较大"的才能构成行贿罪，对非国家工作人员行贿只有在"数额较大"的情况下才能构成犯罪。

13. 如何区分对单位行贿罪与经济往来中正常给付佣金、回扣？

答：在经济往来中，给付佣金、回扣的现象比较多见，特别是在单位与单位之间更为普遍。是否构成对单位行贿罪，关键是看佣金、回扣的给付是否违反国家有关规定。反不正当竞争法明确规定"经营者不得采用财物或者其他手段进行贿赂以销售或者购买商品。在账外暗中给予对方单位或者个人回扣的，以行贿论处；对方单位或者个人暗中收受回扣的，以受贿论处"。也就是说，国家允许的回扣，必须符合两个条件：一是必须公开给付、收受，而不能暗中给付、收受；二是必须在依法设立的财务账目上按照会计制度如实记载，而不能账外收受。

14. 如何区分对单位行贿罪与行贿罪？

答：第一，主体不同。行贿罪的犯罪主体只能是自然人；对单位行贿罪的犯罪主体可以是自然人，也可以是单位。第二，犯罪对象不同。行贿罪的犯罪对象是国家工作人员，对单位行贿罪的犯罪对象是国家机关、国有公司、企业、事业单位、人民团体等国有单位。行为人是将财物、回扣、手续费给予国有单位，而国有单位的有关人员据为己有的，对行为人也应认定为对单位行贿罪。第三，构成犯罪数额标准不同。一般情况下，行贿数额在1万元以上的即可以构成行贿罪；对单位行贿罪则要求个人行贿数额在 10 万元以上，单位行贿数额在 20 万元以上。

15. 如何区分对单位行贿罪与单位行贿罪？

答：第一，犯罪主体不同。单位行贿罪的主体只能是单位；对单位行贿罪的主体既可以是单位，也可以是自然人。第二，犯罪对象不同。对单位行贿罪的犯罪对象是国有单位，即国家机关、国有公司、企业、事业单位和人民团体，不包括非国有的其他单位；单位行贿罪的犯罪对象是国家工作人员。

16. 简述介绍贿赂犯罪案件的证据特点。

答：介绍贿赂犯罪主要是在行贿人与受贿人之间牵线搭桥、沟通关系、撮合条件，使贿赂行为得以实现，特别是有些介绍贿赂人并无从中实际取得报酬，基本上不会留下书面痕迹，因此，物证、书证少，案件线索来源、侦查突破、犯罪事实的确认，主要依靠言词证据，且需要行贿人、受贿人以及介绍贿赂人三方的言词证据相互印证。

17. 简述介绍贿赂罪罪与非罪的界限。

答：介绍贿赂罪罪与非罪的界限较难区分，实践中要注意把握以下两点：第一，介绍贿赂情节的严重程度。介绍贿赂行为情节严重与否是区分违法与犯罪的标准，如果情节不严重就不能认定为犯罪。在具体认定情节是否严重时，要坚持主、客观相一致的原则进行全面考察，所介绍的行贿数额是衡量情节是否严重的主要标准之一，但不是唯一标准。一是要考察行贿罪、受贿罪是否成立。当行贿罪或受贿罪不成立时，介绍贿赂罪也难以成立。二是要看介绍贿赂人从中谋取非法利益的数额多少。犯罪嫌疑人出于谋取非法利益的目的进行介绍贿赂，本身就说明其主观恶性不小，而其从中谋取利益的多少，不仅体现出介绍贿赂人的主观恶性程度，也在一定程度上反映了行为的客观危害性。三是要看行为人对贿赂行为实现的作用程度。介绍贿赂行为的社会危害性很大程度上取决于贿赂行为的社会危害性，而行为人对贿赂行为实现的作用程度不同不仅反映了行为人的主观恶性，也反映了行为的客观危害性。第二，主观上是否具备介绍贿赂故意。介绍贿赂故意是指明知是为在受贿人与行贿人贿赂交易作中介而故意地促成这一交易。介绍贿赂罪只能以故意构成，过失不构成介绍贿赂罪。如果介绍人在主观上没有介绍贿赂的故意，不知道行为人给付国家工作人员财物的真实目的，不构成介绍贿赂罪。

18. 如何区分介绍贿赂罪与诈骗罪？

答：第一，主观方面不同。诈骗罪中，行为人用虚构事实、隐瞒真相的方法欺骗被害人是其主要的行为方式，其主观目的就是要通过编造的虚假事实，使被害人对其信任，从而达到其非法占有财物的目的；介绍贿赂罪中，介绍贿赂人一方面是为了在行贿人和受贿人之间进行撮合，从而使行、受贿行为得到实现；另一方面，行为人也有可能是想通过自己所付出的"劳动"，获得一定的"介绍费"。第二，两者虚构事实、隐瞒真相的程度不同。介绍贿赂罪中，介绍人所实施的欺骗行为，一般是事实基础上的扩大或缩小，介绍人尽管对事实有扩大或缩小，但是仍然是以一定事实为基础的；诈骗罪中，诈骗人所实施的欺骗纯粹是凭空虚构、无中生有，没有任何事实基础。第三，介绍贿赂罪中，行为人使用虚构事实和隐瞒真相的方法是为介绍贿赂行为服务的。

19. 如何区分介绍贿赂罪与行贿罪、受贿罪共犯？

答：第一，在主观上，行贿罪、受贿罪共犯认识到自己是在帮助行贿一方或者受贿一方，因而其行为主要是为一方服务；而介绍贿赂的行为人认识到自己是处于第三者的地位，因而其行为主要是促成双方的行为内容得以实现。第二，在客观方面，行贿罪、受贿罪的共犯积极策划进行索取、收受贿赂或者向他人行贿。而介绍贿赂的，只在国家工作人员与行贿人中间起牵线搭桥的作用，没有介入行贿、受贿以及为行贿人谋取利益的具体行为。行为人没有以劝说、引诱、提示等手段，促使行贿人、受贿人产生犯罪的故意，而只是在行贿人和受贿人之间起联系、撮合作用，就不能轻易视为行贿罪或受贿罪的共犯，而应以介绍贿赂罪处理。

20. 如何区分介绍贿赂罪与斡旋受贿？

答：第一，主体要件不同。介绍贿赂罪的主体是一般主体。斡旋受贿是受贿罪的一种表现形式，其主体必须是国家工作人员。第二，客观要件不同。介绍贿赂罪的客观要件是行为人在请托人与受托人之间牵线搭桥，从中撮合行、受贿的实现。斡旋受贿的客观要件是行为人利用本人职务或地位所形成的便利条件，通过其他国家工作人员职务上的行为，为请托人谋取不正当利益，索取请托人或者收受请托人财物。第三，客观方面不同。一是斡旋受贿必须利用职权或地位形成的便利条件，介绍贿赂罪不需要利用该条件；二是斡旋受贿必须为请托人谋取不正当利益，介绍贿赂罪对此不作要求；三是斡旋受贿必须索取或收受请托人财物，介绍贿赂罪对此不作要求；四是介绍贿赂罪是情节犯，情节严重才能构成犯罪，斡旋受贿并不需要具备情节严重。第四，主观方面不同。介绍贿赂罪中，行为人主观上并不需要具有为请托人谋取不正当利益的目的，但斡旋受贿必须具有为请托人谋取不正当利益的目的。

21. 如何区分介绍贿赂罪与利用影响力受贿罪？

答：第一，主体不同。介绍贿赂罪的主体是一般主体；而利用影响力受贿罪的犯罪主体具有特定性，只能是国家工作人员或者离职的国家工作人员的近亲属或者与其关系密切的人，或者是离职的国家工作人员本人。第二，客观要件不同。利用影响力受贿必须具备为请托人谋取不正当利益并收受或索取贿赂的行为，而介绍贿赂只要介绍贿赂人实施了介绍贿赂行为，且情节严重即成立本罪。第三，主观故意不同。介绍贿赂不具有收受贿赂的故意，行为人是否具有收受介绍费的故意，不影响介绍贿赂罪的成立。

22. 利用影响力受贿犯罪与斡旋受贿犯罪中的"影响力"有何区别？

答：利用影响力受贿犯罪中的"影响力"是一种非职权性影响力，是行为人对国家工作人员的影响力，不仰仗国家所赋予的职务、地位和权力而获得的，影响来自于行为者自身的因素，这些因素包括亲情、感情、友情、乡情，等等。而斡旋受贿犯罪的影响力是一种职权性影响力，即利用职权或地位形成的能对其他国家工作人员施加职务影响的便利条件。

23. 如何处理介绍贿赂罪与教唆贿赂、介绍贿赂的牵连问题？

答：介绍贿赂并教唆受贿的，按照牵连犯从一重罪处罚原则，以受贿罪处理；介绍贿赂并教唆行贿的，以行贿罪处理；介绍贿赂同时教唆受贿、行贿的，尽管该行为牵连触犯了介绍贿赂罪、受贿罪和行贿罪，但仍应按牵连犯从一重罪处罚的原则，以受贿罪处理。

24. 如何区分单位行贿犯罪与共同行贿犯罪？

答：第一，犯罪主观方面不同。单位行贿犯罪的犯意形成是经一定程序形成一种集体的意志，并由单位决策机关策划、批准和认可，并不要求单位成员都具有共同犯罪故意；共同行贿犯罪的行为人皆有犯罪意图，具有共同的行贿犯罪故意。第二，因果关系不同。单位行贿犯罪不要求单位每个成员的行为与犯罪有直接的必然的因果关系，而一般共同行贿犯罪的行为人与危害结果都有直接的必然的因果关系。第三，承担刑事责任的方式不同。单位行贿犯罪的刑事责任由单位及其直接负责的主管人员和其他直接责任人员承担；共同行贿犯罪中的刑事责任由共同犯罪人承担。

25. 如何计算犯罪嫌疑人持有来源不明财产数额？

答：由于客观原因造成对这类案件的取证无法达到绝对的精确性，因而在实践中存疑处采用有利于犯罪嫌疑人的原则。根据"来源不明财产数额＝持有财产总额＋支出总额－来源明确财产总额"的计算方法，对于数额能够框定在一定范围内但无法查证准确的，持有财产数额和支出数额采"就低不就高"，而来源明确的财产数额则采"就高不就低"。

26. 如何理解巨额财产来源不明罪中的"不能说明合法来源"？

答："不能说明合法来源"是指以下四种情况：第一，行为人拒不说明财产来源；第二，行为人无法说明财产的具体来源；第三，行为人所说的财产来源经司法机关查证并不属实；第四，行为人所说的财产来源因线索不具体等原因，司法机关无法查实，但能排除存在来源合法的可能性和合理性的。

27. 简述自动投案的情形。

答：自动投案，是指犯罪事实或者犯罪嫌疑人未被司法机关发觉，或者虽被发觉，但犯罪嫌疑人尚未受到讯问、未被采取强制措施时，主动、直接向公安机关、人民检察院或者人民法院投案。犯罪嫌疑人具有以下情形之一的，应当视为自动投案：第一，犯罪后主动报案，虽未表明自己是作案人，但没有逃离现场，在司法机关询问时交代自己罪行的；第二，明知他人报案而在现场等待，抓捕时无拒捕行为，供认犯罪事实的；第三，在司法机关未确定犯罪嫌疑人，尚在一般性排查询问时主动交代自己罪行的；第四，因特定违法行为被采取劳动教养、行政拘留、司法拘留、强制隔离戒毒等行政、司法强制措施期间，主动向执行机关交代尚未被掌握的犯罪行为的；第五，其他符合立法本意，应当视为自动投案的情形。

罪行未被有关部门、司法机关发觉，仅因形迹可疑被盘问、教育后，主动交代了犯罪事实的，应当视为自动投案，但有关部门、司法机关在其身上、随身携带的物品、驾乘的交通工具等处发现与犯罪有关的物品的，不能认定为自动投案；交通肇事后保护现场、抢救伤者，并向公安机关报告的，应认定为自动投案。

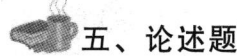 五、论述题

1. "一对一"受贿案件应如何侦查？

答："一对一"受贿案件，是指贿赂行为实施时只有一个行贿人、一个受贿人在场的案件。由于行、受贿双方抱着"只要我不讲，即使对方承认，检察机关拿我没办法"的侥幸心理来对抗侦查，口供获取难度很大。

侦破该类案件常见经验做法有：第一，选好突破口。实践中，行贿人和受贿嫌疑人亲属的证言获取相对容易，从行贿人和受贿嫌疑人亲属入手比较多见。不过具体选择时要因人而异。如果犯罪嫌疑人亲属、情人能证明犯罪嫌疑人收受了贿赂，其证言与行贿人供述相吻合，且与其他证据形成完整的证据链条的，即使犯罪嫌疑人拒供，定罪证据也比较充分。

第二，结合案件实际，综合运用各种谋略突破犯罪嫌疑人口供，使犯罪嫌疑人感觉到行贿人、亲属等都已交代，赃款赃物已被起获，检察机关证据在握，与其抗拒被从严惩处，不如坦白争取从宽处理。

第三，全面调查取证，广泛收集间接证据。通过广泛收集和运用间接证据，不仅能鉴别言词证据的真伪，而且使间接证据与行贿人口供形成完整的证据链条，补强言词证据的证明力，从而构建一个严密的具有排他性的证据体系。有的案件，行贿方在交付财物的现场虽然只有行贿人一人，但能证明行贿人确已送了财物的还有第三人；有的虽无第三人直接证明，但数人对贿赂之事知情。因此在侦查中，要拓宽取证渠道，努力去发现第三人和间接证明人，并通过询问证人、查账、搜查等多种措施，全面获取证据，使间接证据与行贿人口供形成完整的证据链条。特别是要注意收集有关受贿人家庭合法收入情况的证据，并与受贿人家庭实际消费水平、银行存款等进行比较，查看有无可疑之处，进而结合其他证据突破受贿人口供。

2. 对以"借"为名受贿的案件，应注意查明哪些问题？

答：对以"借"为名受贿的案件，要注意查清以下问题：第一，查清行、受贿双方的平时关系。借款以感情为基础，贿赂则以权力为基础。因此，要查明双方是过去就相互熟悉、互有经济往来，还是素昧平生。如果双方平时并不熟悉，请托办事过程中才发生经济关系，且数额较大的，受贿可能性比较大。

第二，查借款人有无正当、合理的借款事由，以及借款的用途、真实去向。对无正当、合理的借款理由，如当时家中有足够存款并不需要借款，也没有紧急的特定用途的，借款事后也没有用于所说的用途的，则受贿可能性大。

第三，查借款后是否有归还的意思表示及行为，以及还款能力、还款机会。有能力、有机会却长期不还的，借款后长时间只字不提，毫无还款意思表示的，一般属于受贿。如有归还的意思表示，还要查意思表示的时间、数额以及是否真正归还等情况。

第四，查提供借款方对借款的真实态度，是真借还是以借为名送钱，借后是否催讨过，对企业负责人而言有无将借款作开支报销平账等。要在查明以上情况的基础上，综合分析得出是借还是贿的结论。

第五，查国家工作人员是否利用职务上的便利为对方谋取利益，或者对方要求国家工作人员利用职务上的便利为其谋取利益，以及谋取利益的具体情况等。

3. 如何理解利用影响力受贿犯罪？

答：利用影响力受贿罪是 2009 年全国人大常委会通过的《刑法修正案（七）》第 13 条新增的罪名。本罪的构罪要件如下：

第一，犯罪客体是国家工作人员职务行为的公正性和国有单位的工作秩序。

第二，犯罪客观方面表现为行为人通过国家工作人员职务上的行为，或者利用国家工作人员职权或者地位形成的便利条件，通过其他国家工作人员职务上的行为，为请托人谋取不正当利益，索取请托人财物或者收受请托人财物。具体而言，包括三种行为方式：一是国家工作人员的近亲属或者其他与该国家工作人员关系密切的人，通过国家工作人员职务上的行为，为请托人谋取不正当利益，索取或者收受请托人财物。这里的"通过国家工作人员职务上的行为"是指国家工作人员利用本人职权为请托人谋取不正当利益。二是国家工作人员的近亲属或者其他与该国家工作人员关系密切的人，利用该国家工作人员职权或者地位形成的便利条件，通过其他国家工作人员职务上的行为，为请托人谋取不正当利益，索取或者收受请托人财物。这里的利用又包括两种情形：其一，国家工作人员在明知近亲属或者与其关系密切的人请托事项情况下，主动利用职权或者地位形成的便利条件，通过其他国家工作人员职务上的行为，为请托人谋取不正当利益；其二，国家工作人员的近亲属或者其他与该国家工作人员关系密切的人，在国家工作人员不知情的情况下，利用其职权或者地位形成的便利条件，通过其他国家工作人员职务上的行为，为请托人谋取不正当利益。三是离职的国家工作人员或者其近亲属，以及其他与其关系密切的人，利用该离职的国家工作人员原职权或者地位形成的便利条件，通过其他国家工作人员职务上的行为，为请托人谋取不正当利益，而本人索取或者收受请托人财物。

第三，犯罪主体是特定人群，包括国家工作人员的近亲属、其他与国家工作人员关系密切的人、离职国家工作人员、离职国家工作人员的近亲属、其他与离职国家工作人员关系密切的人五类人员。本罪主体身份不限于非国家工作人员，国家工作人员也可构成本罪主体。不过该国家工作人员在实施本罪过程中并没有利用自己的职务或职权性影响力，而是通过利用其具有国家工作人员身份的近亲属的职权或地位形成的便利条件，通过其他国家工作人员职务上的便利为请托人谋取不正当利益。在此意义上，该国家工作人员与非国家工作人员相类似行为性质没有本质区别，其身份并不影响本罪评价。

第四，犯罪主观方面是故意。构成本罪必须以行为人没有与被利用的国家工作人员存在共同的受贿故意和行为为前提，如果行为人与利用的国家工作人员存在共同的受贿故意和行为，则不构成本罪，直接以受贿罪论处。

4. 论行贿案件的侦查要领。

答：第一，严格按照行贿罪犯罪构成要件收集、调取及固定证据，体现罪刑法定原则。一是要收集行贿人具有谋取不正当利益的主观目的的证据。侦查人员要着重收集与谋取不正当利益相关的法律、法规、规章、政策和行业性规范，从而为认定利益的不正当性提供法律依据，破解行贿案定性难的问题。二是要收集行贿人给予国家工作人员贿赂行为的证据。侦查人员不仅要听取犯罪嫌疑人的供述，还要相应地查清行贿款来源和出处，以印证其供述的真实性。对于用单位公款行贿的，通过清查单位账目和金库的途径查明行贿款出处。三是要收集行贿对象具有国家工作人员身份的证据。

第二，讯问犯罪嫌疑人要讲究方式方法，提高办案成效。对行贿人的讯问较之讯问受贿人相对难度较小，但仍有相当一部分行贿人因种种原因不肯如实供述，对此，我们可以根据实际情况采取相应对策：一是教育规劝，对犯罪嫌疑人进行法律、政策攻心。办案人员对其讲明法律规定及有关部门的相关政策性规定，引导其权衡利弊，如实交代所犯罪行。二是利用矛盾，揭穿犯罪嫌疑人的谎言。行贿人有罪而不认罪，就必然会出现歪曲事实，编造情节的情况。这样在事先没有充分准备和沟通的情况下，其口供与其他证据之间、前后供词之间、与同案人的口供之间以及口供与客观事实之间，总会出现矛盾。倾听犯罪嫌疑人的陈述，抓住其矛盾并适时将其点破，就会使谎言不攻自破。三是避实就虚，避开犯罪嫌疑人防备的问题，选择旁枝末节进行提问，使犯罪嫌疑人转移注意力，不知不觉将犯罪问题暴露出来。特别是当面对"一对一"这种贿赂案件的常见局面时，要拓宽取证渠道，采取多种取证措施，以期从中发现有价值的证据材料。

第三，采取有效措施及时获取、固定行贿书证、物证等证据。行贿犯罪赃款、赃物及其他书证、物证是比较容易流失的证据，从案发到获取证据的时间间隔越长，流失的可能性就越大。因此，行贿案侦查初期要迅速、及时地查询犯罪嫌疑人及其家属的银行资金来往记录等，通过书证、物证来印证犯罪嫌疑人的口供，防止翻供。

第四，灵活运用宽严相济刑事政策，分化瓦解犯罪嫌疑人。在处理行贿和对应的受贿案件时，要贯彻分化瓦解的策略方法。一是在处理的方法上要分案，不要绑在一起。侦查贿赂案件一般是先行贿后受贿，而处理案件一般是先受贿后行贿，即先起诉、审判，再回头处理行贿人。二是在强制措施适用上，在符合条件的情况下应有所区别，即对受害人逮捕后取保候审要慎重，而对行贿人，在其彻底坦白行贿事实后，如果符合取保候审条件，则可考虑取保候审。三是处理行贿人时，不仅要根据其行贿数额、情节和危害后果，还要考虑其在侦查等诉讼活动中交代行贿事实的主动和彻底程度，依法从严或从宽，对在追诉前主动交代行贿事实的，可以依法减轻或免除处罚。

5. 论述隐瞒境外存款犯罪案件的特点。

答：第一，发现犯罪难度大。行为人在境外是否有存款，涉及个人隐私，一般人很难知晓，且相关书证一般由行为人私人控制，一般人无法接触到，也很难发现。而存款的行为发生在境外，一般人更是无从察觉，因此说，此种犯罪不易被发现。加上犯罪分子系国家工作人员，受教育程度高，具有一定的社会地位，其逃避惩罚的反侦查能力很强。上述这些因素共同决定了隐瞒境外存款案件发现难。在以往我国办理案例中，隐瞒境外存款罪主要是司法机关在查办贪污、贿赂等犯罪的过程中，对行为人的赃款、赃物进行搜查时，发现行为人有存放在境外的存款，并隐瞒不报、数额较大，进而立案侦查的。

第二，犯罪证据的收集比较困难。隐瞒境外存款罪，没有犯罪现场、犯罪痕迹和被害人，对犯罪事实的认定主要依靠言词证据和书证。而言词证据具有不稳定、易灭失的特点，要调查清楚行为人隐瞒境外存款的犯罪事实，必须要在境外收集有关证据。根据法律上的属地管辖原则，在一国境内收集证据只能由该国的有权机关进行，其他国家的任何机构和人员都没有这项权力。因此，在司法实践中如果要进行境外的调查取证工作，应通过我国与有关国家的双边司法协助或者国际刑警组织进行，手续繁杂、耗费时间长，但效果并不理想。因为境外的很多金融机构为了保证信誉，都规定了严格的保密制度，为此，不愿意与司法机关合作调查储户的情况时有发生。因此，审查此类案件，犯罪证据收集常常比较困难。

　　第三，书证起着关键作用。国家工作人员没有履行境外存款的申报义务，其在境外的存款证明和司法机关调取证据的有关法律文书是证明隐瞒境外存款罪的主要证据。只要书证查证属实，犯罪就会呈现出来，其他证据往往是起补充说明作用的，这就要求侦查人员在侦查过程中要特别注意有关书证的调查收集工作。

反贪污贿赂岗位素能培训模拟试题

模拟试题（一）

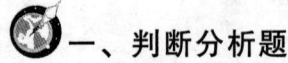一、判断分析题

1. 分、州、市人民检察院办理直接立案侦查的案件，需要将属于本院管辖的案件指定下级人民检察院管辖的，应当报请本院检察委员会批准。

2. 对于实名举报案件线索，经初查决定不立案的，侦查部门应当制作不立案通知书，写明案由和案件来源、决定不立案的理由和法律依据，连同举报材料和调查材料，自作出不立案决定之日起10日以内送本院举报中心，由举报中心答复举报人。

3. 回避规定适用于司法警察。

4. 辩护律师持律师执业证书、律师事务所证明和委托书或者法律援助公函要求会见在押的犯罪嫌疑人、被告人的，看守所应当及时安排会见，至迟不得超过24小时。

5. 因侦查工作需要，经检察长批准，可以将犯罪嫌疑人提押出看守所进行讯问。

6. 证据确实、充分的条件要求必须有犯罪嫌疑人、被告人的有罪供述。

7. 各级人民检察院应当在办案区设置专门的医疗室，为医务人员提供医

疗、救治、休息的场所。根据医务人员指导，配备必要的医疗急救设备和药品，定期检查，确保设备和药品的正常使用。

8. 人民检察院直接受理立案侦查的案件，侦查部门移送审查逮捕、审查起诉时，应当将讯问录音、录像连同案卷材料一并移送审查。

9. 人民检察院直接立案侦查的案件，需要重新计算侦查羁押期限的，侦查部门应当报上一级人民检察院侦查监督部门审查。

10. 人民检察院在看守所同步录音录像讯问室讯问在押犯罪嫌疑人的，不得在夜间提审。

11. 不能立即查明是否与案件有关的可疑的财物和文件，也可以查封或者扣押。

12. 声像资料司法鉴定是指运用物理学和计算机学的原理和技术，对录音带、录像带、磁盘、光盘、图片等载体上记录的声音、图像信息的真实性、完整性及其所反映的情况过程进行鉴定，并对记录的声音、图像中的语言、人体、物体作出种类或同一认定。

13. 行为人在实施犯罪后，为逃脱或者减轻刑事责任，而给有关国家工作人员以财物，又构成行贿罪的，应当以前罪定罪。

14. 行为人携带挪用的公款潜逃的，对其携带挪用的公款部分，应以贪污罪定罪处罚。

15. 在对犯罪嫌疑人的实物财产进行价格折算出现模棱两可的情形时，应采取有利于犯罪嫌疑人的计算原则。

二、选择题

1. 当事人及其法定代理人不服回避决定的，有权在收到驳回申请回避决定书之日起（　　）以内向原决定机关申请复议。
   A. 1日　　　　B. 3日　　　　C. 5日　　　　D. 15日

2. 收集物证、书证不符合法定程序，可能严重影响司法公正的，应当（　　）。
   A. 予以排除
   B. 予以补正或者作出合理解释
   C. 对证据收集程序进行说明
   D. 不得作为定案证据

3. 担任（　　）以上人民代表大会代表被拘留的，人民检察院必须报请该代表所属的人民代表大会主席团或者常务委员会许可。
   A. 县级　　　B. 市级　　　C. 省级　　　D. 乡级

4. 案情特别重大、复杂，需要采取拘留、逮捕措施的，传唤、拘传持续时间不得超过（　　）。
   A. 12 小时　　B. 24 小时　　C. 48 小时　　D. 72 小时

5. 对于人民检察院报请指定居所监视居住的案件，由（　　）对决定是否合法进行监督。
   A. 同级人民检察院侦查监督部门
   B. 同级人民检察院公诉部门
   C. 上一级人民检察院侦查部门
   D. 上一级人民检察院侦查监督部门

6. 决定撤销案件的，侦查部门应当将撤销案件意见书连同本案全部案卷材料，在法定期限届满 7 日前报（　　）审查。
   A. 本院侦查监督部门　　　B. 本院公诉部门
   C. 省级人民检察院　　　　D. 上一级人民检察院

7. 批准使用技术侦查措施的有效期限是自批准决定签发之日起（　　）内。
   A. 1 个月　　B. 2 个月　　C. 3 个月　　D. 6 个月

8. 侦查贪污案件的根本措施是（　　）。
   A. 清查会计资料和款物　　B. 询问证人
   C. 讯问犯罪嫌疑人　　　　D. 技术侦查

9. 私分国有资产的立案标准是累计数额达到（　　）元。
A. 5 万　　　　　B. 10 万　　　　　C. 30 万　　　　　D. 5000 元

10. 请托人通过向国家工作人员或有关单位送钱送物，谋取不正当利益。以下情况不应认定为"谋取不正当利益"的是：（　　）。
    A. 通过有关国家工作人员擅自利用职务上的便利，谋取偷税、漏税、少缴、不缴税款
    B. 使用虚假经济合同，通过行贿手段骗取银行贷款，而受贿人贷款审批手续合法
    C. 为了加快工程款结算进度，给予相关国家工作人员好处费，而在规定付款期限前获得工程款
    D. 为了能够获得图书购销合同，给予购书单位明码折扣

11. 以下表述错误的有（　　）。
    A. 对于传唤到案接受讯问的犯罪嫌疑人不如实供述可以适用拘传
    B. 适用拘传强制措施的，必须先行传唤
    C. 在执行拘传时，应当使用手铐、警绳等械具
    D. 拘传的到达地点是"指定地点"

12. 人民法院、人民检察院和公安机关可以根据案件情况，责令被取保候审的犯罪嫌疑人、被告人遵守以下一项或者多项规定：（　　）。
    A. 不得进入特定的场所
    B. 不得与特定的人员会见或者通信
    C. 不得从事特定的活动
    D. 将护照等出入境证件、驾驶证件交执行机关保存

13. 侦查一体化中统一指挥主要采取的方式有（　　）。
    A. 直办制度　　　　　　　　B. 交办制度
    C. 协调制度　　　　　　　　D. 指定异地管辖制度

14. 行贿数额不满 1 万元，但具有下列（　　）情形的，应予立案。
    A. 为谋取非法利益而行贿的
    B. 向 3 人以上行贿的

C. 向党政领导、司法工作人员、行政执法人员行贿的
D. 致使国家或者社会利益遭受重大损失的

15. 国家工作人员在经济往来中,违反国家规定,收受各种名义的(　　)归个人所有的,以受贿论处。
   A. 回扣　　　　　　　　B. 茶水费
   C. 手续费　　　　　　　D. 明扣

三、名词解释

1. 指定管辖
2. 电子证据
3. 强制措施
4. 侦查指挥
5. 检察机关司法鉴定
6. 侦查笔录
7. 检察机关侦查
8. 斡旋受贿
9. "单位意志"
10. 违法所得及其他涉案财产

四、简答题

1. 简述监视居住强制措施的适用条件。
2. 如何正确理解作为立案犯罪事实条件的"认为有犯罪事实"?
3. 如何提高初查的成案率?
4. 简述侦查一体化机制的运行方式。
5. 简述重新鉴定的情形。
6. 简述劝返必须具备的条件。
7. 简述补充侦查的范围。
8. 办案中如何理解、把握"谋取不正当利益"?
9. 贿赂案件侦查中如何运用分化瓦解的策略方法?
10. 如何区分介绍贿赂罪与利用影响力受贿罪?

五、论述题

1. 试述采取强制措施的策略。
2. 论述检察机关的侦查权与法律监督权的关系。
3. 试述再生证据的提取方法。

模拟试题（一）答案

一、判断分析题

1. 错误。分、州、市人民检察院办理直接立案侦查的案件，需要将属于本院管辖的案件指定下级人民检察院管辖的，应当报请上一级人民检察院批准。

2. 正确。

3. 正确。

4. 错误。辩护律师持律师执业证书、律师事务所证明和委托书或者法律援助公函要求会见在押的犯罪嫌疑人、被告人的，看守所应当及时安排会见，至迟不得超过48小时。

5. 错误。因侦查工作需要，需要提押犯罪嫌疑人出所辨认或者追缴犯罪有关财物的，经检察长批准，可以提押犯罪嫌疑人出所，并应当由2名以上司法警察押解。不得以讯问为目的将犯罪嫌疑人提押出所进行讯问。

6. 错误。证据确实、充分需要符合的条件是：定罪量刑的事实都有证据证明；据以定案的证据均经法定程序查证属实；综合全案证据，对所认定事实已排除合理怀疑。无须有犯罪嫌疑人、被告人的供述。

7. 正确。

8. 正确。

9. 错误。人民检察院直接立案侦查的案件，需要重新计算侦查羁押期限的，侦查部门应当报本院侦查监督部门审查。

10. 错误。人民检察院在看守所同步录音录像讯问室讯问在押犯罪嫌疑人的，一般情况下不得在夜间提审，确需在夜间提审的，应当严格履行审批手续，确保职务犯罪嫌疑人的合法权益和办案安全。

11. 正确。

12. 正确。

13. 错误。行为人在实施犯罪后，为逃脱或者减轻刑事责任，而给有关国家工作人员以财物，又构成行贿罪的，应该行贿罪与行为人实施的其他犯罪数罪并罚。

14. 正确。

15. 正确。

二、选择题

1. C   2. B   3. A   4. B   5. D
6. D   7. C   8. A   9. B   10. D
11. ABC   12. ABCD   13. BD   14. ABCD   15. AC

三、名词解释

1. 指定管辖，是指因管辖不明发生争议或出现其他情形需要改变管辖，而由上级人民检察院指定其下级人民检察院对某一特定贪污贿赂犯罪案件立案侦查。

2. 电子证据有广义和狭义之分。广义的电子证据是指储存在计算机及网络中的以电子、数字、磁、光学、电磁等形式来证明案件真实情况的信息。狭义的电子证据，仅指局限于电子商务活动中的各种电子数据、记录及记录系统。

3. 强制措施是指人民检察院在侦查活动中，为了有效地同贪污贿赂等职务犯罪作斗争和保障侦查活动的顺利进行，防止犯罪嫌疑人继续实施危害社会的行为，依法对犯罪嫌疑人所采取的暂时限制或者剥夺其人身自由的各种方法和手段。

4. 侦查指挥是指侦查组织领导人员通过下达命令、指示等形式，使系统内部各人的意志在总体侦查目标的指引下，服从统一意志，将侦查决策和计划变成全体成员的统一行动，使全体成员协同一致地完成侦查任务的行动过程。

5. 检察机关司法鉴定是指在侦查贪污贿赂、渎职侵权等职务犯罪过程中，为查明案件事实，解决案件中某些专业性问题，检察机关依据职权，指派或委托具有专门知识的人对专门性问题进行科学鉴别和评定的一种技术活动。

6. 侦查笔录是指在依法侦查的过程中,特定人员(主要是参与侦查活动的书记员或办案人员)依法制作的客观反映侦查活动具体情况及结果的侦查文书。

7. 检察机关侦查,是指检察机关在办理贪污贿赂犯罪案件,国家工作人员的渎职犯罪案件,国家机关工作人员利用职权实施的非法拘禁、刑讯逼供、报复陷害、非法搜查等侵犯公民人身权利的犯罪案件,侵犯公民民主权利的犯罪案件,以及省级以上人民检察院决定立案的国家机关工作人员利用职权实施的其他重大的犯罪案件的过程中,依照法律进行的专门调查工作和有关强制性措施。

8. 斡旋受贿是指国家工作人员利用本人职权或者地位形成的便利条件,通过其他国家工作人员职务上的行为,为请托人谋取不正当利益,索取或者收受请托人财物的行为。

9. 单位犯罪中的"单位意志",是指由单位决策机关形成的,经过一定决策程序,并按决策程序在决策机关的策划、授意、批准、默认或指挥下实施犯罪。

10. 犯罪嫌疑人实施犯罪行为所取得的财物及其孳息以及犯罪嫌疑人非法持有的违禁品、供犯罪所用的本人财物,应当认定为违法所得及其他涉案财产。

四、简答题

1. 答:第一,符合逮捕条件,但具有下列情形的:(1)患有严重疾病、生活不能自理的;(2)怀孕或者正在哺乳自己婴儿的妇女;(3)系生活不能自理的人的唯一扶养人;(4)因为案件的特殊情况或者办理案件的需要,采取监视居住措施更为适宜的;(5)羁押期限届满,案件尚未办结,需要采取监视居住措施的。第二,符合取保候审条件,但犯罪嫌疑人、被告人不能提出保证人,也不交纳保证金的。

2. 答:第一,犯罪事实,即依照刑法规定构成犯罪的事实,而非一般违法、违纪、违反社会主义道德的事实。第二,"认为"有犯罪事实,而非"确实"有犯罪事实。它是检察机关对犯罪事实的一种主观认识,它与"确实"的犯罪事实相比还存在一定的或然性。第三,有一定证据证明的犯罪事实,即检察机关的"认为"(主观认识)必须建立在一定证据之上,而非出于随意猜测和主观臆断。第四,证据的证明力达到"认为有犯罪事实"的程度。

3. 答:第一,精心分析筛选案件线索,把初查重点放在可查性较大的案件线索上。第二,努力选准切入点。在筛选好可查性较强的案件线索之后,进一步寻找最佳角度切入。第三,认真策划,制定周密的初查计划,迅速出击,全面展开初查。第四,利用再生证据,揭露和证实犯罪,提高成案率。所谓再生证据,是指犯罪嫌疑人及有关人员进行串供、反侦查活动所形成的书证、录音资料等。善于获取和利用再生证据,有利于查明案件的真实情况,达到制伏犯罪的目的。

4. 答:(1)专项侦查行动;(2)专案侦查;(3)参办、督办;(4)交办、提办和指定管辖。

5. 答:(1)鉴定意见与案件中其他证据相矛盾的;(2)有证据证明鉴定意见确有错误的;(3)送检材料不真实的;(4)鉴定程序不符合法律规定的;(5)鉴定人应当回避而未回避的;(6)鉴定人或者鉴定机构不具备鉴定资格的;(7)其他可能影响鉴定客观、公正情形的。

6. 答:(1)外逃者有明确的犯罪事实;(2)外逃者陷入走投无路的境地;(3)向外逃者承诺相应事项;(4)劝返人员必须有"说到做到"的权力。

7. 答:根据《刑事诉讼规则》第380条、第381条、第457条的规定,补充侦查的范围主要是人民检察院认为犯罪事实不清、证据不足或者、遗漏罪行以及遗漏同案犯罪嫌疑人等情形。

8. 答:第一,谋取违反法律、法规、规章或者政策规定的利益,即谋取实体违法性利益。第二,要求国家工作人员提供违反法律、法规、规章、政策、行业规范的规定提供帮助或者方便条件,即要求提供违法帮助,谋取程序上的不正当利益。行为人通过行贿手段所要最终获取的利益本身可能不违反法律、法规、规章或者政策规定,但其要求国家工作人员或者有关单位为其提供帮助的手段却违反法律、法规、规章、政策、行业规范的规定，或者要求国家工作人员或者有关单位通过违反法律、法规、规章、政策、行业规范规定的手段提供该利益。第三，在招标投标、政府采购等商业活动中，违背公平原则，给予相关人员财物以谋取竞争优势。

9. 答：第一，在处理的方法上要分案，不要绑在一起。侦查贿赂案件一般按照"先行贿后受贿"的方式办理。第二，在强制措施适用上，在符合条件情况下应有所区别，即对受贿人逮捕后取保候审要慎重，而对行贿人，在其彻底坦白行贿事实后，如果符合取保候审条件，则可考虑取保候审。第三，处理行贿人时，不仅要根据其行贿数额、情节和危害后果，还要考虑其在侦查等诉讼活动中交代行贿事实的主动和彻底程度，依法从严或从宽，对在追诉前主动交代行贿事实的，可以依法减轻或免除处罚。

10. 答：第一，主体不同。介绍贿赂罪的主体是一般主体；而利用影响力受贿罪的犯罪主体具有特定性，只能是国家工作人员或者离职的国家工作人员的近亲属或者与其关系密切的人，或者是离职的国家工作人员本人。第二，客观要件不同。利用影响力受贿必须具备为请托人谋取不正当利益并收受或索取贿赂的行为，而介绍贿赂只要介绍贿赂人实施了介绍贿赂行为，且情节严重即成立本罪。第三，主观故意不同。介绍贿赂不具有收受贿赂的故意，行为人是否具有收受介绍费的故意，不影响介绍贿赂罪的成立。

五、论述题

1. 答：第一，要注意合理运用。无论检察机关采取何种强制措施都不应当背离立法精神，要综合所查案件的性质和面临的客观环境合理运用强制措施，对于重大案件、拒供的犯罪嫌疑人必须予以拘留或逮捕。此外，采取强制措施要果断，这样可以避免其他因素对案件的干扰。

第二，要注意灵活运用。强制措施作为办理侦查案件的运用策略，既可以单独使用，也可以结合使用，以达到侦破案件的最佳效果。在办案过程中，应根据工作的深入和案情的变化而变更强制措施。如有的犯罪嫌疑人被拘传后存在侥幸心理而拒不供述，可直接对其拘留以增加心理压力，使其交代罪行；有的犯罪嫌疑人被拘留、逮捕后有悔改表现而如实供述的，为达到分化瓦解同案犯的目的，可将其改为取保候审；有的犯罪嫌疑人在被取保候审或监视居住后四处活动，与同案人员串供、威胁或买通关键证人，就要变更强制措施为拘留或逮捕。

第三，要注意控制风险。一方面，法律规定传唤犯罪嫌疑人的时间不得超过 12 小时，案情特别重大、复杂，需要采取拘留、逮捕措施的，传唤、拘传持续的时间不得超过 24 小时。另一方面，法律将律师介入提前到侦查阶段，进一步加大了强制措施的适用风险。如果决定采取拘留强制措施，而侦查机关所掌握的证据还达不到法律规定的条件时，放人则可能存在串供、销毁证据的可能，侦查工作就会难以正常开展，而不放则可能存在错拘、错捕的风险。因此，检察机关要在正确分析案情、把握已获取证据的基础上，或果断实施风险决策，对犯罪嫌疑人拘留或逮捕，或对犯罪嫌疑人采取技侦手段，在其取保候审、监视居住期间获取再生证据，为突破案件奠定基础。

2. 答：根据我国宪法规定，检察机关是国家的法律监督机关。检察机关是受人民代表大会委托执行法律监督的专门国家机关，也是人民代表大会实施法律监督职能的执行机关，宪法和法律赋予它的根本职责就是维护国家法制的统一。检察机关的法律监督以发现、调查和处理法律执行和法律实施中违法犯罪活动的方式，检查督促国家法律正确实施和严格遵守。

为了保障检察机关有效行使法律监督权，人民代表大会从立法上授予了检察机关职务犯罪侦查权、公诉权、诉讼监督权和执行监督权等相应职权，这些职权都是从不同角度、不同方面，以不同方式代表国家实施法律监督。因此，从检察机关职能配置上讲，检察机关的侦查权从属于法律监督权，是法律监督权的重要组成部分。同时，检察机关的侦查权又是检察机关有效履行法律监督职责的有力保障。

首先，对职务犯罪进行侦查是法律监督的重要内容。法律监督是对遵守法律、执行法律和适用法律情况的监督，而且主要是对法律实施各环节严重违反法律的情况进行监督。国家公务人员担负着社会管理的职责，其履行职责的行为实质上是执行国家法律、保障国家法律产生立法所期望的社会效果的重要媒介。公务人员良好的行为具有示范效应，能够引导社会公众遵循法律；反之，其不良行为甚至违法犯罪行为也会因其社会地位和影响力，产生极强的负面效果。为规范国家公务人员的执法活动，保障国家廉政勤政制度的落实，应当及时有效地对法律执行和法律适用等公务活动中的严重违法情况进行制止和纠正。由检察机关对职务犯罪进行侦查和追诉，是保障法律公正实施的重要内容，与法律监督的性质和目的相吻合。

其次，检察机关对职务犯罪行使侦查权，是其履行法律监督职能、保障法律统一正确实施的重要手段。法律监督要达到促进法律正统一实施的目标，必然要求对客观存在的职务犯罪活动进行调查并查找其存在的内在缘由，以制定各种规范公务活动的准则和防范措施，确保国家工作人员的公务活动能够严格按照法定程序和标准实施。对职务犯罪的侦查具有司法弹劾的性质，体现了以权力制约权力的监督理念，能够矫正公共权力运行过程中的越轨乃至犯罪行为，达到保障权力规范行使的目的。要及时查获职务犯罪案件的事实和证据，就必然要借助具有强制力的侦查措施，因此，对职务犯罪进行侦查必然成为法律监督的重要手段。

3. 答：再生证据是指在贪污贿赂犯罪案件发生后再次形成的证据，是犯罪嫌疑人、被告人及其利益关系人为使犯罪嫌疑人、被告人逃避法律追究而进行的掩盖犯罪事实、隐匿犯罪证据、隐藏包庇犯罪嫌疑人等反追诉活动中形成的从相反角度证明案件真实情况的一切事实。再生证据除了具有合法性、相关性及客观性等一般特征外，还具有时间性、依附性、易逝性、反证性等特征。灵活利用再生证据，可消除犯罪嫌疑人的对抗心理，证明原生证据，补强已有证据，证明新的犯罪，反映主观恶性，进而有效地破解反侦查活动。

第一，设置型再生证据的提取方法。即根据犯罪嫌疑人反侦查的心理需要，推定犯罪嫌疑人可能采取的反侦查行为，根据犯罪嫌疑人可能出现的行为进行设定，然后让出空间、提供环境，让犯罪嫌疑人充分地实施反侦查活动，产生再生证据。具体操作上，可有意让行贿人与受贿人直接接触，对行贿人与受贿人的"串供"行为秘密录像、录音，获取有关犯罪证据，也可以利用重要知情人或同案人与受贿人接触，获取有关证据。

第二，触动型再生证据的提取方法。贪污贿赂犯罪案件有很强的隐蔽性，犯罪嫌疑人经常不动声色、按兵不动地观察侦查活动的进展情况。这时，侦查人员可以故意大造声势，触动犯罪嫌疑人及重要知情人，同时做好监控工作，获取相关人员之间串供、移赃等反侦查活动的证据。

第三，利用型再生证据的提取方法。根据犯罪嫌疑人趋利避害的心理需要，利用他们利己的一面，瓦解剥离犯罪嫌疑人和其他关系人的密切关系，让那些与案件有某种关系的人，重现犯罪过程，产生再生证据，为我们服务。

第四，诱惑型再生证据的提取方法，即以假象掩盖真实意图，诱惑犯罪嫌疑人创建再生证据。

第五，调动型再生证据的提取方法。调动型的方法是办案人选择一个目标范围，调动犯罪嫌疑人或利害关系人，围绕办案人员为其划定的反侦查行动范围目标，进行的反侦查活动。

第六，伪证型再生证据的提取方法。就是利用伪证性再生证据发现犯罪分子新的犯罪线索，避免犯罪分子蒙混过关。

第七，毁证型再生证据的提取方法，就是运用毁证性再生证据，弥补案件中原生证据的不足，起到完全证明的作用。在刑事诉讼当中，证据并不是孤立的，而是相互印证、相互联系的证据链。因此，对再生证据的收集运用，一方面可以增加证据的数量，验证原生证据的真实性；另一方面在职务犯罪案件中，特别是在贿赂案件中"一对一"的情况下，一旦掌握了犯罪嫌疑人毁灭、篡改证据的事实，就可以利用再生证据的反证性反证犯罪嫌疑人狡辩和翻供的不真实性，从而提高原生证据的证明力，对案件起到完全证明的作用。

第八，刺探型再生证据的提取方法。每一个犯罪嫌疑人在被侦查机关怀疑或侦查时，都渴望了解侦查人员手中掌握的证据和犯罪情况，以便谋划反侦查对策，因此多会四处活动，打听有关消息。侦查人员可以利用犯罪嫌疑人的这一心理，将计就计，从而将犯罪分子一网打尽。

第九，跟踪型获取再生犯罪线索的方法。这里的跟踪实际上就是盯梢，侦查人员通过秘密跟踪侦查对象获取作案人反侦查的相关线索。

第十，内线型获取再生犯罪线索的方法。这是侦查人员通过可靠人员或者利用矛盾控制有关当事人充当内线，积极接触犯罪嫌疑人获取相关信息和犯罪线索的方法。利用犯罪嫌疑人的熟人、朋友或直接派我工作人员，靠近犯罪嫌疑人，获取其信任，为其串供"服务"，从中获取串供的证据和侦查线索。

第十一，亲友型获取再生犯罪线索的方法。贪污贿赂案件的犯罪嫌疑人在得知自己的犯罪行为案发的信息后，不但会积极地进行串供、订立攻守同盟，积极地打探案件情况，而且还会积极地转移财产，找关系说情，阻止侦查活动的正常进行。上述的这些行为大多是在犯罪嫌疑人的亲友圈内进行。司法实践中，犯罪嫌疑人转移的财产大多都是转移到自己的亲友那里，转移的去处是犯罪嫌疑人最信任的地方，否则他们是不会把自己的身家性命托付给对方的。

模拟试题（二）

一、判断分析题

1. 人民检察院在立案侦查中指定异地管辖，需要在异地起诉、审判的，应当在移送审查起诉前与人民法院协商指定管辖的事宜。

2. 现有证据不能证明证据收集的合法性的，有关侦查人员或者其他人员可以出庭说明情况。

3. 与本案有利害关系的犯罪嫌疑人的近亲属，不得被委托担任该犯罪嫌疑人的辩护人。

4. 对于不需要逮捕、拘留的犯罪嫌疑人，经检察长批准，可以传唤到犯罪嫌疑人所在市、县内的指定地点或者到他的住处进行讯问。

5. 人民检察院直接受理案件的侦查人员、进行补充侦查的人员在回避决定作出以前或者复议期间，应当停止对案件的侦查。

6. 侦查部门在侦查中发现的需要另案处理的线索，一般应当在2个月内向本院举报中心通报。对暂时不具备查办价值的举报线索，应当每月向举报中心集中通报一次。

7. 可以采取没收等措施防范犯罪嫌疑人向境外转移资产。

8. 各级检察机关应当与同级卫生行政部门协商，根据辖区内医疗机构的具体情况，确定一至两所县级以上医疗机构，作为办案工作定点医院。

9. 下级人民检察院报请审查逮捕的案件，应当由侦查部门制作报请逮捕书，经本院侦查监督部门提出审查意见，报检察长或者检察委员会审批后，连同案件材料、讯问犯罪嫌疑人录音录像资料以及本院侦查监督部门的审查意见一并报上一级人民检察院审查。

10. 看守所设置的人民检察院相对固定使用的同步录音录像讯问室由看守所负责管理，保证人民检察院办案需要，其他办案单位不能使用。

11. 除了有关侦查方针、原则等宏观决策可以"一竿子插到底"外，对具体案件的侦查决策必须分层进行，使决策与该层次的职责相适应。

12. 挪用公款归个人用于公司、企业注册资本验资证明的，不应认定为挪用公款进行营利活动。

13. 贿赂犯罪中，贿赂既包括物质性利益，也包括非物质性利益。

14. 国家工作人员利用自身职权或者地位形成的便利条件，对其他国家工作人员施加影响，撮合请托人与其他国家工作人员之间发生贿赂，使后者利用职务上的行为，为请托人谋取不正当利益，介绍贿赂者同时又索取或收受请托人的财物作为介绍费。根据罪数原理，应当以介绍贿赂罪与斡旋受贿罪予以认定。

15. 巨额财产来源不明罪中，在计算行为人的财产时，不论合法财产还是非法财产，都不能仅限于行为人当时实际占有的财产，还包括虽未实际占有但已实际控制、支配的财物。

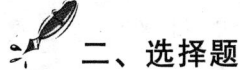

二、选择题

1. 对非法证据的调查核实，侦查阶段由（   ）负责。
   A. 侦查监督部门   B. 公诉部门
   C. 控告申诉部门   D. 案件管理部门

2. 检察人员从人民检察院离任后，不得（   ）。
   A. 担任辩护人
   B. 以律师的身份担任辩护人

C. 担任原任职的人民检察院办理案件的辩护人
D. 担任居住地的人民检察院办理案件的辩护人

3. 办案人员在审查逮捕、审查起诉中经调查核实依法排除非法证据的，应当在调查报告中予以说明。被排除的非法证据应当（　　）。
A. 予以封存　　　　　　B. 退回侦查机关
C. 直接销毁　　　　　　D. 随案移送

4. 侦查阶段，犯罪嫌疑人不享有（　　）权利。
A. 有权利委托辩护律师
B. 拒绝回答检察人员提出的与案件相关的问题
C. 如实供述自己罪行可以依法从宽处理
D. 知晓讯问被录音、录像的权利

5. 对于公安机关决定指定居所监视居住的案件，由（　　）对决定是否合法进行监督。
A. 作出批准决定公安机关
B. 作出批准决定公安机关的同级人民检察院侦查监督部门
C. 作出批准决定公安机关的同级人民检察院公诉部门
D. 作出批准决定公安机关的上级人民检察院侦查监督部门

6. 对犯罪嫌疑人采取取保候审、监视居住、拘留或者逮捕措施的，侦查部门应当在（　　）提出移送审查起诉、移送审查不起诉或者撤销案件的意见。
A. 立案后 2 年以内　　B. 解除或者撤销强制措施后 1 年以内
C. 立案后 1 年以内　　D. 解除或者撤销强制措施后 2 年以内

7. 下级人民检察院报请逮捕的，报送案件材料、送达法律文书的在途时间（　　）。
A. 不予计算
B. 由下级检察院与上一级检察院协商计算
C. 计算在上一级人民检察院审查逮捕期限以内
D. 计算在下级人民检察院报送审查逮捕材料期限以内

8. 贪污案件线索审查的方法不包括（　　）。
A. 书面审查　　　　　　　　B. 接谈审查
C. 公开审查　　　　　　　　D. 初步调查

9. 巨额财产来源不明，数额在（　　）以上的，应予立案。
A. 5000 元　　B. 5 万元　　C. 10 万元　　D. 30 万元

10. 私分罚没款物罪只能追究（　　）的刑事责任。
A. 单位直接负责的主管人员和其他直接责任人员
B. 单位直接负责的主管人员
C. 单位
D. 单位中参与私分罚没款物的人员

11. 对于贪污贿赂犯罪、恐怖活动犯罪等重大犯罪案件，（　　）依照刑法规定应当追缴其违法所得及其他涉案财产的，人民检察院可以向人民法院提出没收违法所得的申请。
A. 犯罪嫌疑人、被告人逃匿，在通缉 1 年后不能到案的
B. 犯罪嫌疑人、被告人死亡的
C. 犯罪嫌疑人拒不承认犯罪事实的
D. 犯罪嫌疑人有转移财产等行为的

12. 下列情形中，人民检察院可以决定拘留的是（　　）。
A. 不讲真实姓名、住址，身份不明的
B. 有流窜作案、多次作案、结伙作案重大嫌疑的
C. 犯罪后企图自杀、逃跑或者在逃的
D. 有毁灭、伪造证据或者串供可能的

13. 目前我国在境外追逃方面，主要依靠的方式有（　　）。
A. 引渡　　　　　　　　　　B. 外交途径
C. 劝返　　　　　　　　　　D. 遣返

14. 单位为谋取不正当利益而行贿，数额在 10 万元以上不满 20 万元，但具有（　　）情形的应当予以立案侦查。

A. 为谋取非法利益而行贿的
B. 致使国家或者社会利益遭受损失的
C. 向党政领导、司法工作人员、行政执法人员行贿的
D. 向 3 人以上行贿的

15. 巨额财产来源不明犯罪案件侦查中,为查证犯罪嫌疑人持有财产及其来源与支出情况,必须首先查清的人员基本情况有( )。
A. 犯罪嫌疑人基本情况
B. 犯罪嫌疑人主要亲属的基本情况
C. 全部往来关系人的基本情况
D. 特定关系人基本情况

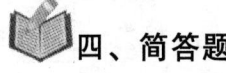

三、名词解释

1. 监视居住
2. 初查
3. 职务犯罪侦查中的立案
4. 侦查谋略
5. 侦查实验
6. 再生证据
7. 侦查终结
8. 行贿罪中的"谋取不正当利益"
9. 利用影响力受贿罪
10. 公务

四、简答题

1. 简述检察人员回避的适用情形。
2. 简述强制措施的特征。
3. 指定居所监视居住中有碍侦查的情形包括哪些?
4. 简述检察机关侦查的特征。
5. 简述侦查谋略的特征。
6. 简述职务犯罪侦查中查账的目的。
7. 简述侦查羁押期限与侦查期限的区别。

8. 如何区分单位行贿犯罪与共同行贿犯罪？

9. 村民委员会等村基层组织人员在从事哪些工作时属于《刑法》第 93 条第 2 款规定的"其他依照法律从事公务的人员"？

10. 简述介绍贿赂罪的证据特点。

五、论述题

1. 试述如何审查判断贪污贿赂犯罪案件中的电子证据。

2. 简要论述如何破解反侦查活动。

3. "一对一"受贿案件应如何侦查。

模拟试题（二）答案

一、判断分析题

1. 正确。

2. 正确。

3. 错误。与本案有利害关系的犯罪嫌疑人的近亲属，可以被委托担任该犯罪嫌疑人辩护人。

4. 正确。

5. 错误。人民检察院直接受理案件的侦查人员、进行补充侦查的人员在回避决定作出以前或者复议期间，不得停止对案件的侦查。

6. 正确。

7. 错误。防范犯罪嫌疑人向境外转移资产的主要措施包括扣押、冻结、查封以及加强与金融、外汇等部门的协作等，不包括没收措施。

8. 正确。

9. 错误。下级人民检察院报请审查逮捕的案件，应当由侦查部门制作报请逮捕书，报检察长或者检察委员会审批后，连同案件材料、讯问犯罪嫌疑人录音录像资料一并报上一级人民检察院审查，报请逮捕时，应当说明犯罪嫌疑人的社会危险性并附相关证明材料。

10. 错误。看守所设置的人民检察院相对固定使用的同步录音录像讯问室由看守所负责管理，优先保证人民检察院办案需要。同步录音录像讯问室空闲时，看守所可以安排其他办案单位使用。

11. 正确。

12. 错误。挪用公款归个人用于公司、企业注册资本验资证明的，应认定为挪用公款进行营利活动。

13. 错误。目前，我国法律规定的贿赂只包括物质性利益。

14. 错误。在这种情形中，介绍贿赂与斡旋受贿行为相混合，行为人的行为既符合介绍贿赂罪的构成要件，又符合受贿罪中斡旋受贿构成要件，应构成两罪。但是，由于行为人介绍贿赂是为了可以从中斡旋受贿，所以介绍贿赂与斡旋受贿之间是手段行为与目的行为的关系。根据罪数原理，行为人以实施一个犯罪为目的，但其方法行为或结果行为又触犯其他罪名的犯罪形态属于牵连犯。牵连犯属于实质的数罪，但对牵连犯应当从一重处断，即选择法定刑较重的罪名处罚。因此，对介绍贿赂与斡旋受贿混合的，应按受贿罪定罪处罚。

15. 正确。

二、选择题

1. A　　2. C　　3. D　　4. B　　5. B
6. B　　7. C　　8. C　　9. D　　10. A
11. AB　12. CD　13. ACD　14. ABCD　15. ABD

三、名词解释

1. 监视居住，是指人民检察院、公安机关、人民法院为了保障侦查活动的顺利进行，责令犯罪嫌疑人未经批准不得离开住处或者指定居所，并对其行动加以监视的一种强制措施。

2. 初查，是指人民检察院对直接受理侦查案件的线索材料在立案前进行的审查和调查。

3. 职务犯罪侦查中的立案有广义和狭义之分。广义的立案，是指检察机关对于报案、控告、举报和犯罪人自首等方面的材料，依照管辖范围进行审查，以判明是否认为有犯罪事实需要追究刑事责任，并依法决定是否作为刑事案件交付侦查的诉讼活动。狭义的立案，是指检察机关对案件线索依照管辖范围进行审查后，认为有犯罪事实需要追究刑事责任，而依法将其作为刑事案件交付侦查的决定。

4. 侦查谋略就是侦查的计谋和策略。它是侦查人员在侦破案件活动中根据案情的需要，为达到有效侦结案件的目的而采取的灵活可行的斗争方式和处理问题的有效方法。

5. 侦查实验是侦查人员为了确定和判明与案件有关的某些事实或行为在某种情况下能否发生或怎样发生，而模拟原有条件实验性地重现一定事实情况的一种侦查活动。

6. 再生证据是在贪污贿赂犯罪案件发生后再次形成的证据,是犯罪嫌疑人、被告人及其利益关系人为使犯罪嫌疑人、被告人逃避法律追究而进行的掩盖犯罪事实、隐匿犯罪证据、隐藏包庇犯罪嫌疑人等反追诉活动中形成的从相反角度证明案件真实情况的一切事实。

7. 侦查终结,是指人民检察院对于立案侦查的犯罪案件,经过一系列侦查活动,根据已查明的事实和证据,足以认定犯罪嫌疑人是否有罪和应否对其追究刑事责任而不需要继续侦查,或者不具备继续侦查的条件时,决定结束侦查,而对案件提出处理意见或处理决定的一种诉讼活动。

8. 行贿罪中的"谋取不正当利益",是指行贿人谋取违反法律、法规、规章或者政策规定的利益,或者要求对方违反法律、法规、规章、政策、行业规范的规定提供帮助或者方便条件。在招投标、政府采购等商业活动中,违背公平原则,给予相关人员财物以谋取竞争优势的,也属于"谋取不正当利益"。

9. 利用影响力受贿罪,是指国家工作人员的近亲属或者其他与该国家工作人员关系密切的人,通过该国家工作人员职务上的行为,或者利用该国家工作人员职权或者地位形成的便利条件,通过其他国家工作人员职务上的行为,为请托人谋取不正当利益,索取请托人财物或者收受请托人财物,数额较大或者有其他较重情节的行为。

10. 公务,是指代表国家机关、国有公司、企业、事业单位、人民团体等依法履行组织、领导、监督、管理等职务活动。

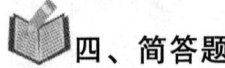 四、简答题

1. 答:(1)是本案的当事人或者当事人的近亲属的;(2)本人或者他的近亲属和本案有利害关系的;(3)担任过本案的证人、鉴定人、辩护人、诉讼代理人的;(4)与本案当事人有其他关系,可能影响公正处理案件的;(5)接受当事人及其委托的人请客送礼,或者违反规定会见当事人及其委托的人的;(6)参加过本案侦查的侦查人员,又承办本案的审查逮捕、起诉和诉讼监督工作的。

2. 答：第一，法定性。强制措施作为限制或者剥夺人身自由的强制方法，必须严格依照刑事诉讼法和其他有关法律的规定进行。第二，强制性。强制措施的适用是人民检察院行使刑事司法权的表现，是以国家强制力做后盾的。第三，保障性。强制措施是一种保障机制，而不是对案件作出的实体处理。第四，暂时性。每种强制措施都有法定期限，超过期限就不能继续适用。同时，强制措施的目的是保障诉讼活动的顺利进行，因而妨碍诉讼活动顺利进行的因素一旦消失，强制措施就应当解除。

3. 答：(1) 可能毁灭、伪造证据，干扰证人作证或者串供的；(2) 可能自杀或者逃跑的；(3) 可能导致同案犯逃避侦查的；(4) 在住处执行监视居住可能导致犯罪嫌疑人面临人身危险的；(5) 犯罪嫌疑人的家属或者其所在单位的人员与犯罪有牵连的；(6) 可能对举报人、控告人、证人及其他人员等实施打击报复的。

4. 答：第一，检察机关侦查的模式一般是由人到事。第二，初查是检察机关立案侦查前的重要环节。初查主要是通过秘密调查的方法获取必要的证据材料，以判明被调查对象是否涉嫌犯罪，是否需要追究刑事责任。这也是由检察机关从人到事的侦查模式决定的。第三，检察机关侦查中侦查人员与犯罪嫌疑人的对抗强烈。第四，检察机关侦查手段的有限性。与公安机关相比，检察机关在履行侦查职责时，没有执行取保候审、监视居住、拘留、逮捕的权力。第五，检察机关侦查中言词证据、文书证据地位突出。

5. 答：第一，侦查谋略具有能动性。侦查人员要依据犯罪活动发展规律与犯罪嫌疑人的心理，在掌控案件事实及材料的基础上，根据案件的发展趋势及时调整对策，时刻掌握案件的主动权，从而顺利进行案件的侦破工作。第二，侦查谋略具有对抗性。侦查人员与犯罪嫌疑人始终处于对抗状态，侦查人员不断根据犯罪嫌疑人的行为作出对策上的调整，使其进入侦查人员设计的陷阱之内，让其无法逃脱，束手就擒。第三，侦查谋略具有隐蔽性。在实际的侦查活动中，侦查人员往往制造某些表面现象来掩饰真实意图，迷惑被调查对象，保障侦查行动的顺利进行。

6. 答：查账的目的，简单讲就是为了查明与账目相关的经济活动的过程及状况，从而查明贪污贿赂案件有关经济问题的案情。具体讲，是为了查明贪污贿赂案件所涉及的财务会计事实,而不仅仅为了证明犯罪的存在,因为案情本身并不一定都是贪污贿赂犯罪事实。因而,查账的目的中往往还包括了为查明犯罪嫌疑人辩解事实的真实性的查账活动,包括查明案件的当事人、证人等所提供证据的真实性、可靠性等。

7. 答:第一,起算时间不同。侦查期限始于立案之日;侦查羁押期限始于对犯罪嫌疑人采取羁押性强制措施之日。第二,对人身的强制程度不同。在侦查期限内,犯罪嫌疑人的人身自由可能受到限制,也可能未受到限制;侦查羁押期限内犯罪嫌疑人的人身自由是被严格限制的。第三,期限规定不同。人民检察院直接立案侦查的案件,对犯罪嫌疑人没有采取取保候审、监视居住、拘留或者逮捕措施的,侦查部门应当在立案后2年以内提出移送审查起诉、移送审查不起诉或者撤销案件的意见。对犯罪嫌疑人采取取保候审、监视居住、拘留或者逮捕措施的,侦查部门应当在解除或者撤销强制措施后1年以内提出移送审查起诉、移送审查不起诉或者撤销案件的意见。侦查羁押期限则根据采取的具体强制措施种类具体计算。第四,期限届满后果不同。侦查羁押期限届满后,可以继续侦查,但必须变更强制措施或释放犯罪嫌疑人。侦查期限届满后,侦查工作必须停止,进入侦查终结阶段,由侦查部门提出处理意见,不能继续开展侦查。

8. 答:第一,犯罪主观方面不同。单位行贿犯罪的犯意形成是经一定程序形成一种集体的意志,并由单位决策机关策划、批准和认可,并不要求单位成员都具有共同犯罪故意;共同行贿犯罪的行为人皆有犯罪意图,具有共同的行贿犯罪故意。第二,因果关系不同。单位行贿犯罪不要求单位每个成员的行为与犯罪有直接的必然的因果关系,而一般共同行贿犯罪的行为人与危害结果都有直接的必然的因果关系。第三,承担刑事责任的方式不同。单位行贿犯罪的刑事责任由单位及其直接负责的主管人员和其他直接责任人员承担;共同行贿犯罪中的刑事责任由共同犯罪人承担。

9. 答:村民委员会等村基层组织人员协助人民政府从事下列行政管理工作时,属于《刑法》第93条第2款规定的"其他依照法律从事公务的人员":一是救灾、抢险、防汛、优抚、扶贫、移民、救济款物的管理;二是社会捐助公益事业款物的管理;三是国有土地的经营和管理;四是土地征收、征用补偿费用的管理;五是代征、代缴税款;六是有关计划生育、户籍、征兵工作;七是协助人民政府从事的其他行政管理工作。

10. 答：介绍贿赂犯罪主要是在行贿人与受贿人之间牵线搭桥、沟通关系、撮合条件，使贿赂行为得以实现，特别是有些介绍贿赂人并无从中实际取得报酬，基本上不会留下书面痕迹，因此，物证、书证少，案件线索来源、侦查突破、犯罪事实的确认，主要依靠言词证据，且需要行贿人、受贿人以及介绍贿赂人三方的言词证据相互印证。

五、论述题

1. 答：第一，审查判断电子证据的来源。首先应查明电子证据形成的时间、地点、对象、制作人、制作过程及设备情况，明确是在有关事实和行为发生时留下的，还是以后专为诉讼的目的而形成的。只有查明上述情况，才能明确电子证据所反映的情况是否真实可靠，有无伪造、编辑、剪辑、删改的可能。

第二，审查判断电子证据的收集是否合法。一方面，在审查电子证据的取证人员时，要看其是否属于侦查人员。非侦查人员调查取得的电子证据，不能作为指控犯罪、定案的依据。另一方面，审查电子证据的取证程序是否合法。

第三，审查判断电子证据与事实的联系即相关性。只有相关证据才具有可采性，不具有相关性的证据，根本不发生可采性的问题。

第四，审查电子证据的内容。判断一份电子证据是否具有证明力，就要认真审查电子证据的内容是否真实、有无剪裁、拼凑、伪造、篡改等，对于自相矛盾、内容前后不一致或不符合情理的电子证据，应谨慎对待，不可轻信。同时，还要审查电子证据是何种性质的复本，是第一手的还是第二手的。

第五，审查判断电子证据的鉴定意见。由于电子证据具有高科技的特点，必须通过法定专门机构进行鉴定，非经法定机构的鉴定不具有可采性。

第六，审查判断电子证据的保全措施。

第七，要结合全案其他证据对电子证据的真伪进行综合审查判断。

第八，由于电子证据具有隐含性，因此，要做好转化工作。一是转化为视听资料。二是转化为书证。三是转化为证人证言。四是转化为犯罪嫌疑人的供述和辩解。五是转化为鉴定意见。

2. 答：第一，强化保密工作。由于犯罪嫌疑人具有较强的应变能力，一旦泄露侦查秘密，将使整个侦查活动陷入十分艰难的境地。反之，犯罪嫌疑人及其关系人获取不到侦查活动的相关情况特别是侦查意图，也就无法实施有针对性的措施，反侦查活动也就无法开展。因此，只有做好保密工作，隐蔽侦查意图，偃旗而进，出其不意，才能获取罪证，达到侦查的目的。特别是在侦查团伙犯罪案件时，更应当做好保密工作，整个侦查过程应始终在秘密状态下进行，只能有主管领导和直接参办的侦查人员了解案件情况。即使侦查终结后，许多案件情况也需保密，不给犯罪嫌疑人可乘之机。

第二，加快办案速度。侦查过程本身就是一场侦查与反侦查的较量，而快速准确地实施侦查行动，巧用初查中获取的证据迅速突破，不给犯罪嫌疑人喘息之机，就能把握侦查的主动权。一是在查清某笔犯罪事实并能够追究刑事责任时，就应及时立案，进入侦查程序；二是讯问、取证、追赃可同步进行，使犯罪嫌疑人来不及订立攻守同盟；三是检察机关各内设机构应加快案件的审查速度，在办案时限上不应顶格办理，应力争快速结案，将犯罪嫌疑人反侦查活动发生可能性降到最低。

第三，加大搜查力度。对犯罪嫌疑人住处、办公室等进行搜查，可及时获取犯罪证据和赃款、赃物；对犯罪嫌疑人依法及时适用拘留等强制措施，可以防止其案发后串供或者毁灭、伪造证据甚至自杀、逃跑。实践中，因搜查和适用强制措施不及时而贻误战机，致使赃款赃物被转移等情形屡有发生。

第四，加强监控措施。目前，犯罪嫌疑人在被采取监视居住、取保候审等强制措施期间，所受控制较弱，有机会进行各种反侦查活动。因此，对于这些人员要加强控制，一旦发现其从事反侦查活动，应依法没收保证金，及时变更强制措施，符合逮捕条件的坚决予以逮捕。

第五，强化证据意识。首先，全面、全过程、全方位地收集与案件有关的一切证据。其次，在固定证据上下功夫。对于犯罪嫌疑人口供，可通过让其书写悔过书、犯罪经过等形式，加强口供的证明力；对于证人证言，要避免询问简单化，避免形式随意性。最后，要充分利用视听资料固定证据，进而堵死犯罪嫌疑人翻供的后路。

第六，注重细节，排除疑点。反侦查过程中所进行的掩盖、示假、躲避和抗拒等活动，或是违反生活常规，或是由于条件限制而对细节注意不够，故此，侦查人员应该在侦查中注重细节，发现疑点，进而突破反侦查防线，恢复事实真相。

第七，堵塞漏洞，防止翻供。要不断提高侦查意识，重视原始证据，尽可能地拓宽取证范围，堵塞可能翻供的漏洞，尤其是对证据可变性大的案件，更应缜密调查取证，使犯罪嫌疑人在确凿的证据面前难以翻供。对于犯罪嫌疑人翻供的现象，要认真分析其翻供动机、翻供真伪及翻供的前后关联性，对比分析言词证据与其他证据之间的协调性，察微析疑，辨明是非，弄清事实真相。

第八，加强协作，合力攻坚。积极与公安机关、金融、工商、税务、海关、出入境管理机构、国际刑警组织以及其他国家司法机构等组织的协作，及时通报情况，对社会严密控制，全面收集犯罪嫌疑人的反侦查活动信息。

第九，强化管理，提高素质。一是可实施侦查指挥协调一体化机制。上级人民检察院要帮助基层人民检察院排除来自当地或上层的干扰与阻力，遏制犯罪嫌疑人的反侦查活动。二是要加强侦查工作的科学管理。要根据案件实际情况实行办案组织的相对封闭式管理，最大限度地缩小案件知情面。三是要提高办案人员的侦查素质。四是要加强侦查队伍建设。不仅要加强政治思想教育，增强防腐拒变能力，而且要加强业务素质建设，不断提高侦查人员突破案件的能力。

第十，利用再生证据破解反侦查活动。再生证据是指在贪污贿赂犯罪案件发生后再次形成的证据，是犯罪嫌疑人、被告人及其利益关系人为使犯罪嫌疑人、被告人逃避法律追究而进行的掩盖犯罪事实、隐匿犯罪证据、隐藏包庇犯罪嫌疑人等反侦查活动中形成的从相反角度证明案件真实情况的事实。再生证据除了具有合法性、相关性及客观性等一般特征外，还具有时间性、依附性、易逝性、反证性等特征。灵活利用再生证据，可消除犯罪嫌疑人的对抗心理，证明原生证据，补强已有证据，证明新的犯罪，反映主观恶性，进而有效地破解反侦查活动。

3. 答："一对一"受贿案件，是指贿赂行为实施时只有一个行贿人、一个受贿人在场的案件。由于行、受贿双方抱着"只要我不讲，即使对方承认，检察机关拿我没办法"的侥幸心理来对抗侦查，口供获取难度很大。

侦破该类案件常见经验做法有：第一，选好突破口。实践中，行贿人和受贿嫌疑人亲属的证言获取相对容易，从行贿人和受贿嫌疑人亲属入手比较多见。不过具体选择时要因人而异。如果犯罪嫌疑人亲属、情人能证明犯罪嫌疑人收受了贿赂，其证言与行贿人供述相吻合，且与其他证据形成完整的证据链条的，即使犯罪嫌疑人拒供，定罪证据也比较充分。

第二，结合案件实际，综合运用各种谋略突破犯罪嫌疑人口供，使犯罪嫌疑人感觉到行贿人、亲属等都已交代，赃款赃物已被起获，检察机关证据在握，与其抗拒被从严惩处，不如坦白争取从宽处理。

第三，全面调查取证，广泛收集间接证据。通过广泛收集和运用间接证据，不仅能鉴别言词证据的真伪，而且使间接证据与行贿人口供形成完整的证据链条，补强言词证据的证明力，从而构建一个严密的具有排他性的证据体系。有些贿赂案，行贿方在交付财物的现场虽然只有行贿人一人，但能证明行贿人确已送了财物的还有第三人；有的虽无第三人直接证明，但数人对贿赂之事知情。因此在侦查中，要拓宽取证渠道，努力去发现第三人和间接证明人，并通过询问证人、查账、搜查等多种措施，全面获取证据，使间接证据与行贿人口供形成完整的证据链条。特别是要注意收集有关受贿人家庭合法收入情况的证据，并与受贿人家庭实际消费水平、银行存款等进行比较，查看有无可疑之处，进而结合其他证据突破受贿人口供。

模拟试题（三）

一、判断分析题

1. 犯罪嫌疑人的工作单位与居住地不在同一市、县的，拘传应当在犯罪嫌疑人居住地所在的市、县进行；特殊情况下，也可以在犯罪嫌疑人工作单位所在的市、县进行。

2. 在医疗工作场所对涉案人员进行健康检查或者医疗救治的过程中，医务人员应当配合检察机关做好安全防范工作，防止发生涉案人员自杀、自残、逃跑等办案安全事故。

3. 指定的居所必须具备正常的生活、休息条件，与外界完全隔离，便于监视、管理且能够保证办案安全。

4. 需要通过国际刑警组织对犯罪嫌疑人发布红色通缉令的，承办案件的人民检察院反贪污贿赂部门应当层报最高人民检察院审查同意。

5. 立案这一诉讼阶段的主要内容包括判明是否追究刑事责任以及可能追究何种具体刑事责任。

6. 侦查终结是侦查活动的最后一道工序，标志着侦查活动的结束，需要达到案件犯罪事实清楚和证据确实、充分的标准。

7. 对于一人犯数罪、共同犯罪、多个犯罪嫌疑人实施的犯罪相互关联，并案处理有利于查明案件事实和诉讼进行的，人民检察院可以对相关犯罪案件并案处理。

8. 审判人员、检察人员、侦查人员必须依照法定程序，收集能够证实犯罪嫌疑人、被告人有罪或者无罪、犯罪情节轻重的各种证据。严禁刑讯逼供和以威胁、引诱、欺骗以及其他非法方法收集证据，不得强迫任何人证实自己有罪。

9. 担任县级以上人民代表大会代表的犯罪嫌疑人因现行犯被拘留的，人民检察院应当立即报请该代表所属的人民代表大会主席团或者常务委员会许可。

10. 在案件侦查终结前，辩护律师提出要求的，侦查机关应当听取辩护律师的意见，并记录在案。辩护律师提出书面意见的，应当附卷。

11. 在各级军事机关中从事公务的人员属于国家机关工作人员。

12. 在查处贪污贿赂等职务犯罪案件时，对一时不符合侦查终结条件的案件可以中止侦查。

13. 单位行贿犯罪案件由于涉及人员较多、情况复杂，因此可广泛适用强制措施以震慑犯罪人。

14. 明知他人有具体请托事项而收受其财物的，视为承诺为他人谋取利益。

15. 介绍贿赂同时教唆受贿、行贿的，尽管该行为牵连触犯了介绍贿赂罪、受贿罪和行贿罪，但仍应按牵连犯从一重罪处罚的原则，以受贿罪处理。

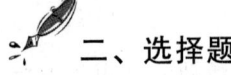

二、选择题

1. 辩护人涉嫌犯罪的，应当由（　　）办理。
   A. 办理辩护律师所承办案件的侦查机关
   B. 办理辩护律师所承办案件的侦查机关以外的侦查机关
   C. 辩护律师所属律师事务所所在地的侦查机关
   D. 办理辩护律师所承办案件的侦查机关上一级侦查机关

2. 对于人民法院因被告人无固定住所而指定居所监视居住的，由（　　）

对决定是否合法进行监督。

  A. 上一级人民检察院侦查监督部门

  B. 同级人民检察院侦查监督部门

  C. 同级人民检察院公诉部门

  D. 上一级人民检察院公诉部门

  3. 人民检察院在立案后，对于涉案数额在（　　）以上、采取其他方法难以收集证据的重大贪污、贿赂犯罪案件和利用职权实施的严重侵犯公民人身权利的重大犯罪案件，经过严格的批准手续，可以采取技术侦查措施，交有关机关执行。

  A. 10 万元   B. 50 万元

  C. 100 万元   D. 5 万元

  4. 对于特别重大贿赂犯罪案件决定指定居所监视居住的，人民检察院侦查部门应当自决定指定居所监视居住之日起每（　　）对指定居所监视居住的必要性进行审查。

  A. 半个月   B. 1 个月

  C. 2 个月   D. 3 个月

  5. 侦查部门认为符合违法所得没收条件的，应当写出没收违法所得意见书，连同案卷材料一并移送有管辖权的人民检察院侦查部门，并由有管辖权的人民检察院侦查部门移送（　　）。

  A. 上一级人民检察院侦查部门

  B. 上一级人民检察院公诉部门

  C. 本院侦查监督部门

  D. 本院公诉部门

  6. 下列情形中，不属于犯罪嫌疑人、被告人没有委托辩护人的，人民法院、人民检察院和公安机关应当通知法律援助机构指派律师为其提供辩护的是(　　)。

  A. 犯罪嫌疑人、被告人是盲、聋、哑人

  B. 犯罪嫌疑人、被告人尚未完全丧失辨认或者控制自己行为能力的精神病人

  C. 犯罪嫌疑人可能被判处无期徒刑、死刑的

D. 犯罪嫌疑人、被告人是外国人

7. 为了规范和防止滥用羁押措施，羁押适用的原则不包括（   ）。
   A. 拘捕前置原则   B. 一次性原则
   C. 禁止重复逮捕和重复羁押原则   D. 便宜侦查原则

8. 下列侦查活动，无须有见证人在场的是（   ）。
   A. 勘验现场   B. 调取物证原物
   C. 搜查   D. 查封、扣押财物、文件

9. 同案犯罪嫌疑人在逃，在案犯罪嫌疑人的犯罪事实已经查明的，应当（   ）。
   A. 对在案犯罪嫌疑人已经查明的犯罪事实移送审查起诉或者移送审查不起诉
   B. 对在案犯罪嫌疑人全部犯罪事实移送审查起诉或者移送审查不起诉
   C. 继续追捕同案犯罪嫌疑人，待同案犯罪嫌疑人归案后一并移送审查起诉
   D. 中止对该案的侦查，待同案犯罪嫌疑人归案后再启动侦查工作

10. 其他家庭成员构成巨额财产来源不明的共同犯罪的前提条件是（   ）。
    A. 其他家庭成员与国家工作人员实际共同持有超过合法收入的巨额家庭财产
    B. 其他家庭成员必须明知超过合法收入的巨额家庭财产来源于非法途径，而与国家工作人员共同持有
    C. 其他家庭成员希望自己与国家工作人员共同持有来源于非法途径的超过合法收入的巨额家庭财产
    D. 其他关系人可能与国家工作人员共同持有超过合法收入的巨额家庭财产

11. 下列情形中，不得采取取保候审强制措施的是（   ）。
    A. 严重危害社会治安的犯罪嫌疑人
    B. 其他犯罪性质恶劣、情节严重的犯罪嫌疑人
    C. 可能判处管制、拘役的犯罪嫌疑人

D. 贿赂犯罪嫌疑人

12. 下列案件线索，由侦查部门自行审查，无须移送举报中心的是（　　）。
   A. 县、处级以上干部的要案线索
   B. 署名举报案件线索
   C. 人民检察院侦查部门发现的案件线索
   D. 有关机关或者部门移送人民检察院审查是否立案的案件线索

13. 人民检察院在侦查过程中或者侦查终结后，发现具有下列情形之一的，侦查部门应当制作拟撤销案件意见书，报请检察长或者检察委员会决定：（　　）。
   A. 具有《刑事诉讼法》第15条规定情形之一的
   B. 没有犯罪事实的，或者依照刑法规定不负刑事责任或者不是犯罪的
   C. 虽有犯罪事实，但不是犯罪嫌疑人所为的
   D. 可能被判处定罪免刑的

14. 其他依法从事公务的人员包括（　　）。
   A. 协助人民政府从事特定行政管理工作的村民委员会等村基层组织人员
   B. 依法履行职责的各级人民代表大会代表
   C. 履行审判职责的人民陪审员
   D. 其他由法律授权从事公务的人员

15. 巨额财产来源不明罪中的"不能说明合法来源"是指（　　）。
   A. 行为人拒不说明财产来源
   B. 行为人无法说明财产的具体来源
   C. 行为人所说的财产来源经司法机关查证并不属实
   D. 行为人所说的财产来源因线索不具体等原因，司法机关无法查实，但能排除存在来源合法的可能性和合理性的

三、名词解释

1. 受案
2. 侦查决策

3. 物证、书证检查
4. 贪污贿赂犯罪案件中的查账
5. 技术侦查
6. 侦查文书
7. 司法会计鉴定
8. 介绍贿赂罪
9. 巨额财产来源不明罪中的"财产"
10. 特定关系人

 四、简答题

1. 简述强制措施法定性的表现。
2. 录音录像技术主要用于职务犯罪侦查工作的哪些方面？
3. 追逃工作需注意哪些问题？
4. 简述补充侦查的特点。
5. 简述对证人拒证的对策。
6. 在把握贪污贿赂案件的立案时机时应具体注意哪些问题？
7. 如何理解与把握"为他人谋取利益"？
8. 利用影响力受贿犯罪与斡旋受贿犯罪中的"影响力"有何区别？
9. 以"垫付资金"为名的受贿案件应如何侦查？
10. 如何区分介绍贿赂罪与斡旋受贿？

 五、论述题

1. 论述初查材料的证据效力。
2. 试述对贪污贿赂犯罪嫌疑人潜逃境外的应对方法。
3. 试述对利用影响力受贿罪的理解。

模拟试题（三）答案

一、判断分析题

1. 错误。犯罪嫌疑人的工作单位与居住地不在同一市、县的，拘传应当在犯罪嫌疑人工作单位所在的市、县进行；特殊情况下，也可以在犯罪嫌疑人居住地所在的市、县进行。

2. 正确。

3. 错误。指定的居所必须具备正常的生活、休息条件，便于监视、管理且能够保证办案安全，不应与外界完全隔离。

4. 错误。需要通过国际刑警组织对犯罪嫌疑人发布红色通缉令的，承办案件的人民检察院反贪污贿赂部门应当报经省级人民检察院反贪污贿赂部门审查同意，由省级人民检察院向最高人民检察院提出书面请示报告。

5. 错误。立案这一诉讼阶段的主要内容包括接受报案、控告、举报和自首，对报案、控告、举报和自首等方面的材料进行审查，以及决定是否立案。

6. 错误。侦查终结的条件是人民检察院经过侦查，认为犯罪事实清楚，证据确实、充分，依法应当追究刑事责任。

7. 正确。

8. 正确。

9. 错误。担任县级以上人民代表大会代表的犯罪嫌疑人因现行犯被拘留的，人民检察院应当立即向该代表所属的人民代表大会主席团或者常务委员会报告。

10. 正确。

11. 正确。

12. 错误。修改后的刑事诉讼法删除了中止侦查的规定，对于一时不符合侦查终结条件的案件，可以区分不同情况进行处理：对于侦查期间犯罪嫌疑人潜逃的，应当采取措施追捕，继续进行其他侦查活动；对于犯罪嫌疑人患有严重疾病不能接受讯问的，可以变更强制措施；对于侦查、起诉阶段出现自然灾害等不可抗力的，在有关原因消失后，恢复侦查活动。

13. 错误。在查处单位行贿案时，由于涉及的直接责任人员主要是单位负责人，一旦对其立案侦查并采取羁押性强制措施，很可能对单位的正常活动带来不同程度的负面影响。因此，要综合考虑犯罪嫌疑人交代犯罪事实的态度、程度等，慎用拘留、逮捕等羁押性强制措施，确需适用的，要和有关部门做好协调沟通工作，安排好单位正常的活动，确保不因对单位负责人采取强制措施而影响单位发展，以实现良好的社会效果。

14. 正确。

15. 正确。

二、选择题

1. B　　2. C　　3. A　　4. C　　5. D
6. D　　7. D　　8. B　　9. A　　10. B
11. AB　12. CD　13. ABC　14. ABCD　15. ABCD

三、名词解释

1. 受案是指对报案、控告、举报、自首等方面的材料予以接受，并审查决定是否受理的诉讼活动。简言之，就是对案件线索的接受和受理。

2. 侦查决策，是指侦查组织领导人员根据案件的条件和掌握的有关信息，围绕总体侦查目标和各个侦查阶段的具体任务，在诸多侦查方案中选取一个最佳方案的过程。

3. 物证、书证检查是侦查人员对侦查过程中已经收集的物品、痕迹和书面文字材料进行检查和验证，以确定该物品、痕迹和书面文字材料与犯罪案件事实之间的关系的一种侦查活动。

4. 贪污贿赂犯罪案件侦查的查账，是指检查相关财务会计资料的查账活动和检查财务会计资料所应当控制的财务的查物活动。

5. 技术侦查，是指因侦查犯罪的需要，根据法律的有关规定，经过严格的批准手续，而采取的秘密侦查技术手段，主要包括利用特殊科学技术手段和方法进行秘密监听、监视等。

6. 侦查文书是为依法履行犯罪侦查职能，实现侦查目的，在开展侦查活动的过程中，依法制作的具有特定格式和特定效力或意义的各种公文的总称。

7. 司法会计鉴定，是指运用司法会计学原理和方法，通过检查、计算、验证和鉴证，对会计凭证、会计账簿、会计报表和其他会计资料等财务状况进行鉴定的活动。

8. 介绍贿赂罪是指在行贿人与受贿人之间牵线搭桥、沟通关系、撮合条件，使贿赂行为得以实现的行为。

9. 巨额财产来源不明罪中的"财产"是指国家工作人员实际拥有的财产，包括住房、银行存款、现金、保险、证券、交通工具等。如果财产名义上属于别人但是实质上归行为人控制，这些财产应当属于行为人实际拥有的财产。

10. 特定关系人是指与国家工作人员有近亲属、情妇（夫）以及其他共同利益关系的人。

 四、简答题

1. 答：第一，强制措施种类的法定性，即刑事诉讼法规定的拘传、取保候审、监视居住、拘留、逮捕五种。第二，适用主体的法定性，即只有人民检察院、公安机关等法律规定的特定机关才有权采取强制措施。第三，适用对象的法定性，即只能适用于犯罪嫌疑人、被告人。第四，适用条件的法定性，即只有对具备法律规定条件的犯罪嫌疑人、被告人才能适用强制措施。第五，程序的法定性，即决定采取强制措施和执行强制措施都必须严格依照法律规定的程序进行。

2. 答：（1）勘验、搜查等活动；（2）记录侦查活动和固定其他证据；（3）重要侦查活动（如讯问）的全程录音录像；（4）犯罪现场同步录音录像取证；（5）监视犯罪嫌疑人的可疑行踪；（6）利用"电子眼"监控犯罪嫌疑人及其使用的车辆。

3. 答：第一，依法追捕。侦查行为在程序上必须符合法律规定。第二，保证安全。一是保证自身安全。追逃工作存在的安全隐患要远远大于平时办案,所以应特别注意侦查人员的自身安全。二是保证逃犯安全。实践中,因为未知因素太多,在追逃成功后,如何保证犯罪嫌疑人的人身安全,侦查人员会面临着更加严峻的考验。第三,严守秘密。在追捕方向的选择和追逃方案的制定上要严格保密,对无关的人员绝对不能泄露。同时,对监控对象、监听内容、提供追捕线索的人,对外要严格保密。第四,行动迅速。追逃的过程是侦查人员同犯罪嫌疑人在智力和快速反应上的博弈,侦查人员要视具体情况采取谨慎、果断、灵活的侦查行为。

4. 答:第一,补充侦查是原侦查工作的深入和继续,仍属于侦查的范畴。它是在原有侦查工作没有完成侦查任务的情况下,就案件的部分事实、情节所进行的调查活动。第二,补充侦查是对原侦查工作的一项补救措施,补充侦查仅是对原有侦查工作的补充,即对于部分事实不清、证据不足或者尚有遗漏罪行、遗漏同案犯罪嫌疑人的案件作进一步的调查,以弥补原有侦查工作的缺陷。第三,补充侦查的决定权在检察机关。无论在哪个诉讼阶段,是否补充侦查以及由哪个机关(部门)补充侦查,都由检察机关决定。

5. 答:第一,对受传统文化影响及法律意识淡泊而不愿作证的证人,要进行法律政策的教育,明确每个公民都有作证的义务,促使其正义感和社会责任感的增强,必要时对其晓以利害。第二,对于存在报恩心理和庇护心理而不愿作证的证人,要帮助他们摆正情与法的关系,促使其认识到犯罪嫌疑人的犯罪事实已被检察机关充分掌握。第三,对侦查人员有抵触心理不愿作证的证人,应适当调整侦查人员的询问态度和方式方法,必要时更换侦查人员,以消除其抵触情绪,如实作证。第四,对存在畏惧心理而不敢作证的证人,侦查人员要通过讲解法律政策和保护证人的典型事例,提高其同犯罪行为作斗争的勇气。同时,要会同有关部门采取切实有效措施,防止其被打击报复,保证其人身安全。第五,对于"污点证人",应讲明案件并不因个别人拒证而不被发现和查处,拒证只会带来更大的被动。只有如实作证,讲清问题,才能争取主动,得到群众的谅解和检察机关的宽大处理。

6. 答:第一,经过初查,如果已掌握的证据基本确实、充分,能够支持"认为有犯罪事实,需要追究刑事责任"的立案案件,就可以迅速立案,将初查转化为侦查。第二,立案是否有利于侦查工作的进行。时机不成熟而急于立案,将直接影响侦查工作的开展;时机已到而未果断立案,则有可能错过开展侦查工作的最佳时机。第三，立案是否有利于深挖犯罪。虽然初查获取了一定"证据"，但犯罪嫌疑人还有大量的犯罪事实未能查实，如果迅速立案，就可将大量的犯罪事实查实。第四，初查中遇到紧急情况时，要善于随机应变，及时履行法律手续，将初查转化为立案侦查，以便采取必要的强制措施制止此类情况的发生；同时，还应及时扣押封存有关账簿等，以固定证据。第五，立案是否有利于追缴赃款赃物，保护公共财物不受损失。第六，在实际工作中，初查的组织指挥人员应严密地组织初查，这对准确地把握立案条件和时机起着积极作用。

7. 答：第一，"为他人谋取利益"包括承诺、实施和实现三个阶段的行为。只要具有其中一个阶段的行为，就具备了为他人谋取利益的要件。至于由于种种原因，国家工作人员在承诺后并没有为请托人谋取到利益，不影响受贿罪认定。第二，为他人谋取的利益性质是否正当、合法，不影响受贿罪的认定。第三，明知他人有具体请托事项而收受其财物的，视为承诺为他人谋取利益。也就是说，国家工作人员的承诺并不限于明示的承诺。当国家工作人员明知对方的意图而接受财物的，同样也是一种承诺，而且这种默示的承诺在实践中也是很普遍的。

8. 答：利用影响力受贿犯罪中的"影响力"是一种非职权性影响力，是行为人对国家工作人员的影响力，不仰仗国家所赋予的职务、地位和权力而获得的，影响来自于行为者自身的因素，这些因素包括亲情、友情、乡情等。而斡旋受贿犯罪的影响力是一种职权性影响力，即利用职权或地位形成的能对其他国家工作人员施加职务影响的便利条件。

9. 答：对以"垫付资金"为名受贿的案件，重点要查清：（1）有无垫付正当理由；（2）在有付款能力、机会情况下为何没有付款的原因；（3）有无付款的意思表示和行动；（4）对已付款的，要查付款的实际时间，必要时可对发票等书证做笔迹等技术鉴定；（5）查清双方对垫款的真实态度等。

10. 答：第一，主体要件不同。介绍贿赂罪的主体是一般主体。斡旋受贿是受贿罪的一种表现形式，其主体必须是国家工作人员。第二，客观要件不同。介绍贿赂罪的客观要件是行为人在请托人与受托人之间牵线搭桥，从中撮合行、受贿的实现。斡旋受贿的客观要件是行为人利用本人职务或地位所形成的便利条件，通过其他国家工作人员职务上的行为，为请托人谋取不正当利益，索取请托人或者收受请托人财物。第三，客观方面不同。一是斡旋受贿必须利用职权或地位形成的便利条件，介绍贿赂罪不需要利用该条件；二是斡旋受贿必须为请托人谋取不正当利益，介绍贿赂罪对此不作要求；三是斡旋受贿必须索取或收受请托人财物，介绍贿赂罪对此不作要求；四是介绍贿赂罪是情节犯，情节严重才能构成犯罪，斡旋受贿并不需要具备情节严重。第四，主观方面不同。介绍贿赂罪中，行为人主观上并不需要具有为请托人谋取不正当利益的目的，但斡旋受贿必须具有为请托人谋取不正当利益的目的。

五、论述题

1. 答：第一，就举报材料的证据效力而言，由于署名举报（来电、来信举报）、匿名举报材料本身没有合法的收集主体，对材料本身的真实性缺乏审查程序，有的甚至没有明确的材料提供者。这就决定了它缺乏合法的收集主体，更谈不上进行必要的查证。所以说，它只能作为确定初查方案的参考材料和证明案件来源的证据，而不能作为案件证据使用。

第二，就自首材料的证据效力而言，一方面，它可以直接证明犯罪嫌疑人是否向有关单位或司法机关投案，并供述自己的罪行；另一方面，也是证实其犯罪事实的直接证据。但是，自首材料的证据效力也应区别对待：一是犯罪嫌疑人向有关单位自首的材料，由于收集证据的主体和证据形式欠缺，不能直接作为证据使用，而只有经过检察机关的侦查人员对其以一定的形式加以固定之后，才能作为证据使用。二是犯罪嫌疑人直接向检察机关自首而形成的材料，则可以直接作为证据使用，也是证明其自首的必要证据。

第三，就纪检监察等执法执纪机关移送给检察机关的材料的证据效力而言，材料的证据效力还要区别对待：一是行政机关在行政执法和查办案件过程中收集的物证、书证、视听资料、电子数据等证据材料，应当以该机关的名义移送，经人民检察院审查符合法定要求的，可以作为证据使用。二是行政机关在行政执法和查办案件过程中收集的鉴定意见和勘验、检查笔录，经人民检察院审查符合法定要求的，可以作为证据使用。三是人民检察院办理直接受理立案侦查的案件，对于有关机关在行政执法和查办案件过程中收集的涉案人员供述或者相关人员的证言、陈述，应当重新收集；确有证据证实涉案人员或者相关人员因路途遥远、死亡失踪或者丧失作证能力，无法重新收集，但供述、证言或者陈述的来源、收集程序合法，并有其他证据相印证，经人民检察院审查符合法定要求的，可以作为证据使用。

第四，就侦查部门初查阶段收集的材料的证据效力而言，只要初查取证过程中没有采取刑讯逼供等非法方法取证，该材料就可以作为证据使用。

2. 答：第一，防范犯罪嫌疑人向境外转移资产。一是积极采取扣押、查封等侦查措施。依法查询和冻结犯罪嫌疑人的银行存款，是检察机关查办贪污贿赂犯罪案件的重要侦查措施之一，只要查明存在作为犯罪所得的财物，就要依法进行扣押、冻结、查封等。用好这项措施，不仅能有效防止犯罪嫌疑人及其家属转移赃款，最大限度地为国家挽回经济损失，而且还能为准确判断犯罪嫌疑人有否携款潜逃、潜逃方向及拟定追逃方案提供依据。二是注重发挥金融机构在对外资金流动中的监督和管理作用。严格控制资金外流，堵死潜逃者的后路，也是必要的防范措施。因此，要加强与金融、外汇等部门的协作，查找和监控犯罪嫌疑人的赃款动向，切实防范资产向境外转移。

第二，尽最大可能将犯罪嫌疑人控制在境内。检察机关一旦发现犯罪嫌疑人潜逃，首先要收集有关情报信息，判断可能潜逃的方向、隐藏地点，制定相应的追逃策略。同时加强与公安机关、海关、国家安全机关等部门协作，尽量在境内缉捕到犯罪嫌疑人。一是上网追逃。按照最高人民检察院、公安部《关于开展追捕在逃职务犯罪嫌疑人专项行动的通知》要求，对在逃贪官要全部上公安部追逃网缉捕。要有效利用公安机关的警力资源，将犯罪嫌疑人及时上网通缉，这样，在国内不论什么地方，只要发现名单上有在逃的犯罪嫌疑人，就可以将其缉拿归案。二是办理边控。在办案中，发现犯罪嫌疑人刚刚外逃的，应立即对邻近的车站、码头、机场、可能出境的口岸等进行布控。对于已逃出本地但仍未逃出国境的犯罪嫌疑人，从控制可能外逃的途径入手，及时采取边境控制措施，予以堵截。三是商请公安机关、国家安全机关对其可能与之联系的通信工具使用技侦手段实施侦控，以发现犯罪嫌疑人逃向线索。

第三，境外追逃与国际司法合作。所谓境外追逃，就是设法采用引渡或者其他替代手段将潜逃到或者藏匿在境外的犯罪嫌疑人遣返回国，同时将被非法转移到境外的犯罪所得或者收益予以冻结、扣押或没收，并最终实现返还。因此，境外追逃属于国际刑事司法合作的范围，其成效如何最终取决于国际公约与双边条约的规定。由于境外追逃工作涉及不同国家的主权和刑事司法管辖权，必须严格依法、规范地进行，不仅要遵守我国法律，还要尊重相关国家或地区的法律，遵守国际条约和国际惯例。

目前来看，我国在境外追逃方面，主要依靠引渡、遣返、劝返等正式和非正式的国际警务、检务、司法合作措施，通常采用外交途径和国际刑警组织两种渠道。

3. 答：利用影响力受贿罪是2009年全国人大常委会通过的《刑法修正案

（七）》第 13 条新增的罪名。本罪的构罪要件如下：

第一，犯罪客体是国家工作人员职务行为的公正性和国有单位的工作秩序。

第二，犯罪客观方面表现为行为人通过国家工作人员职务上的行为，或者利用国家工作人员职权或者地位形成的便利条件，通过其他国家工作人员职务上的行为，为请托人谋取不正当利益，索取请托人财物或者收受请托人财物。具体而言，包括三种行为方式：其一，国家工作人员的近亲属或者其他与该国家工作人员关系密切的人，通过国家工作人员职务上的行为，为请托人谋取不正当利益，索取或者收受请托人财物。这里的"通过国家工作人员职务上的行为"是指国家工作人员利用本人职权为请托人谋取不正当利益。其二，国家工作人员的近亲属或者其他与该国家工作人员关系密切的人，利用该国家工作人员职权或者地位形成的便利条件，通过其他国家工作人员职务上的行为，为请托人谋取不正当利益，索取或者收受请托人财物。这里的利用又包括两种情形：一是国家工作人员在明知近亲属或者与其关系密切的人请托事项情况下，主动利用职权或者地位形成的便利条件，通过其他国家工作人员职务上的行为，为请托人谋取不正当利益；二是国家工作人员的近亲属或者其他与该国家工作人员关系密切的人，在国家工作人员不知情的情况下，利用其职权或者地位形成的便利条件，通过其他国家工作人员职务上的行为，为请托人谋取不正当利益。三是离职的国家工作人员或者其近亲属，以及其他与其关系密切的人，利用该离职的国家工作人员原职权或者地位形成的便利条件，通过其他国家工作人员职务上的行为，为请托人谋取不正当利益，而本人索取或者收受请托人财物。

第三，犯罪主体是特定人群，包括国家工作人员的近亲属、其他与国家工作人员关系密切的人、离职国家工作人员、离职国家工作人员的近亲属、其他与离职国家工作人员关系密切的人五类人员。本罪主体身份不限于非国家工作人员，国家工作人员也可构成本罪主体。不过该国家工作人员在实施本罪过程中并没有利用自己的职务或职权性影响力，而是通过利用其具有国家工作人员身份的近亲属的职权或地位形成的便利条件，通过其他国家工作人员职务上的便利为请托人谋取不正当利益。在此意义上，该国家工作人员与非国家工作人员相类似行为性质没有本质区别，其身份并不影响本罪评价。

第四，犯罪主观方面是故意。构成本罪必须以行为人没有与被利用的国家工作人员存在共同的受贿故意和行为为前提，如果行为人与利用的国家工作人员存在共同的受贿故意和行为，则不构成本罪，直接以受贿罪论处。

模拟试题（四）

一、判断分析题

1. 辩护人、诉讼代理人认为公安机关、人民检察院、人民法院及其工作人员阻碍其依法行使诉讼权利的，有权向同级或者上一级人民检察院案件管理部门申诉或者控告。

2. 收集物证、书证不符合法定程序，可能严重影响司法公正的，应当予以补正或者作出合理解释；不能的，对该证据应当予以排除。

3. 人民检察院直接立案侦查的案件，需要指定居所监视居住的，必须报上一级人民检察院批准。

4. 对于特别重大贿赂犯罪案件，人民检察院在侦查终结前应当准许辩护律师会见犯罪嫌疑人。

5. 人民检察院办理特别重大贿赂犯罪案件，在有碍侦查的情形消失后，应当通知看守所或者执行监视居住的公安机关和辩护律师，但辩护律师会见犯罪嫌疑人仍然需要经过人民检察院批准。

6. 特别重大贿赂犯罪案件，解除指定居所监视居住或者变更强制措施的，下级人民检察院侦查部门应当报上一级人民检察院备案。

7. 实物量检查是指根据侦查需要，依法对案件涉及单位或个人尚存的某类或全部有形资产进行现场清点盘实，并制作勘验、检查笔录的查账活动。

8. 重新计算侦查羁押期限中规定的"另有重要罪行"是指与拘留时的罪行不同种的重大犯罪和同种的影响罪名认定、量刑档次的重大犯罪。

9. 检察机关侦查贪污贿赂犯罪案件而需要聘请本院之外的司法鉴定人员时，只能聘请依法取得司法鉴定资格的司法鉴定机构及其具有执业资格的司法鉴定人。

10. 对重大、疑难、复杂的案件，下级人民检察院侦查部门可以提请上一级人民检察院侦查监督部门派员适时介入。上一级人民检察院侦查监督部门认为必要时，可以主动派员介入，审查证据、引导取证、监督侦查活动是否合法。

11. 国有财产、劳动群众集体所有的财产、用于扶贫和其他公益事业的社会捐助或者专项向基金的财产均属于公共财产，但在国家机关、国有公司、企业、集体企业和人民团体管理、使用或者运输中的私人财产，一般不认定为公共财产。

12. 实践中，对贪污案件线索的初查，因为涉及清查相关财务资料和款物，所以，一般都采取公开的方式进行。

13. 挪用公款数额较大，归个人进行营利活动的，构成挪用公款罪，不受挪用时间和是否归还的限制。

14. 行贿行为一般限于主动行为，只有在实际谋取了不正当利益的情况下，才构成行贿罪。因被勒索而给予国家工作人员以财物，没有获得不正当利益的，不构成行贿犯罪。

15. 计算犯罪嫌疑人持有来源不明财产数额时，对于数额能够框定在一定范围内但无法查证准确的，持有财产数额、支出数额以及来源明确的财产数额均按"就低不就高"的原则计算。

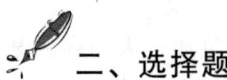

二、选择题

1. 国家工作人员职务犯罪案件，由（　　）人民检察院管辖。
   A. 犯罪嫌疑人居住地
   B. 最初受理地

C. 犯罪嫌疑人户籍所在地
D. 犯罪嫌疑人工作单位所在地

2. 拘传从（　　）时间开始计算。
A. 签发拘传证
B. 向犯罪嫌疑人出示拘传证
C. 犯罪嫌疑人到案
D. 讯问开始

3. 人民检察院拘留犯罪嫌疑人的，羁押期限最长为（　　）。
A. 17 日　　　B. 14 日　　　C. 7 日　　　D. 3 日

4. 在实行强制侦查法定主义的国家中，强制侦查行为只能在法律有明文规定的前提下才能采用，具体不包括（　　）。
A. 只能采用法律明文规定的强制侦查行为
B. 必须遵守法律明文规定的程序
C. 采用强制侦查行为除紧急情况外，应事先经过批准并得到司法令状
D. 除逮捕需经检察机关批准外，均由法官决定

5. 以下对于"认为有犯罪事实"的理解，不正确的是（　　）。
A. 是犯罪的事实
B. 犯罪事实严重到一定程度
C. 是"认为"有犯罪事实
D. 证据的证明力达到"认为有犯罪事实"的程度

6. 规避型反侦查活动不包括（　　）。
A. 逃跑
B. 在赃款去向上鱼目混珠，掩人耳目
C. 貌似合法，实则违法的行为
D. 以小罪行掩盖大犯罪的行为

7. 下级人民检察院认为需要撤销或者变更上一级人民检察院决定的逮捕措施时，应当（　　）。
A. 报请上一级人民检察院决定

B. 征求上一级人民检察院意见后，作出决定
C. 直接作出决定，并向上一级人民检察院报告
D. 直接作出决定

8. 犯罪嫌疑人拒供的原因，不包括（　　）。
A. 掌握一定法律知识
B. 基于惧怕罪行暴露而存在的畏罪心理
C. 基于认为自己的罪行特别严重，可能被判处无期徒刑或死刑，对未来丧失信心而存在的绝望心理
D. 基于对侦查人员讯问方法不当产生抵触情绪而存在的逆反心理

9. 下列行为中，应当认定为单位犯罪的是（　　）。
A. 盗用单位名义实施犯罪，违法所得由个人占有的
B. 单位设立后，以实施犯罪为主要活动的
C. 个人为进行违法犯罪活动而设立单位的
D. 以单位的内部职能部门、下属部门或者分支机构名义实施犯罪，违法所得归单位内部职能部门所有的

10. 挪用公款数额在（　　）以上，归个人进行营利活动，应当认定为挪用公款犯罪。
A. 5000 元　　　　　　　　　　B. 1 万元
C. 5 万元　　　　　　　　　　　D. 10 万元

11. 县、处级干部的要案线索一律报省级人民检察院举报中心备案，其中（　　）案件线索层报最高人民检察院举报中心备案。
A. 涉嫌犯罪数额特别巨大的
B. 犯罪后果特别严重的
C. 群众反映强烈的
D. 可能产生重大影响的

12. 犯罪嫌疑人有下列（　　）违反取保候审规定的行为，人民检察院应当对犯罪嫌疑人予以逮捕。
A. 违反规定进入特定场所、与特定人员会见或者通信、从事特定活动，严重妨碍诉讼程序正常进行的

B. 企图自杀、逃跑，逃避侦查、审查起诉的
C. 实施毁灭、伪造证据，串供或者干扰证人作证，足以影响侦查、审查起诉工作正常进行的
D. 对被害人、证人、举报人、控告人及其他人员实施打击报复的

13. 对于（　　）案件，应当对讯问过程进行录音或者录像。
A. 可能判处无期徒刑的
B. 可能判处死刑的
C. 可能判处有期徒刑以上的
D. 其他重大犯罪

14. 人民检察院可以对证人、鉴定人、被害人采取以下一项或者多项保护措施：（　　）。
A. 不公开真实姓名、住址和工作单位等个人信息
B. 建议法庭采取不暴露外貌、真实声音等出庭作证措施
C. 禁止特定的人员接触证人、鉴定人、被害人及其近亲属
D. 对人身和住宅采取专门性保护措施

15. 国家工作人员包括（　　）。
A. 在国家机关中从事公务的人员
B. 在国有公司、企业、事业单位、人民团体中从事公务的人员
C. 国家机关、国有公司、企业、事业单位委派到非国有公司、企业、事业单位、社会团体从事公务的人员
D. 其他依照法律从事公务的人员

三、名词解释

1. 会计证据
2. 逮捕
3. 侦查措施
4. 原始凭证
5. 侦查人员的消极心理
6. 侦查勘验
7. 证人翻证

8. 贪污罪
9. 行受贿犯罪中的"经济往来"
10. 其他依照法律从事公务的人员

四、简答题

1. 简述取保候审强制措施的适用条件。
2. 简述贪污贿赂犯罪案件侦查文书的主要特征。
3. 简述对证人翻证的对策。
4. 人民检察机关适用强制措施应遵守哪些原则？
5. 简述专项侦查行动的适用情形。
6. 简述侦查决策的方法、步骤。
7. 如何防范贪污贿赂犯罪嫌疑人外逃？
8. 简述引渡的依据。
9. 简述单位受贿犯罪的特点。
10. 如何处理介绍贿赂罪与教唆贿赂、介绍贿赂的牵连问题？

五、论述题

1. 试述对侦查概念的理解。
2. 试述初查的基本方法。
3. 论述隐瞒境外存款犯罪案件的特点。

模拟试题（四）答案

一、判断分析题

1. 错误。辩护人、诉讼代理人认为公安机关、人民检察院、人民法院及其工作人员阻碍其依法行使诉讼权利的，有权向同级或者上一级人民检察院控告申诉部门申诉或者控告。

2. 正确。

3. 错误。监视居住应当在犯罪嫌疑人、被告人的住处执行；无固定住处的，可以在指定的居所执行。对于涉嫌危害国家安全犯罪、恐怖活动犯罪、特别重大贿赂犯罪，在住处执行可能有碍侦查的，经上一级人民检察院或者公安机关批准，也可以在指定的居所执行。因此，人民检察院直接立案侦查的案件，对无固定住处的犯罪嫌疑人指定居所监视居住的，可以直接决定。

4. 正确。

5. 错误。人民检察院办理特别重大贿赂犯罪案件，在有碍侦查的情形消失后，应当通知看守所或者执行监视居住的公安机关和辩护律师，辩护律师可以不经许可会见犯罪嫌疑人。

6. 正确。

7. 正确。

8. 错误。重新计算侦查羁押期限中规定的"另有重要罪行"是指与逮捕时的罪行不同种的重大犯罪和同种的影响罪名认定、量刑档次的重大犯罪。

9. 正确。

10. 正确。

11. 错误。国有财产、劳动群众集体所有的财产、用于扶贫和其他公益事业的社会捐助或者专项基金的财产均属于公共财产，但在国家机关、国有公司、企业、集体企业和人民团体管理、使用或者运输中的私人财产，以公共财产论。

12. 错误。实践中，对贪污案件线索的初查，虽然涉及清查相关财务资料和款物，但对贪污贿赂案件线索的初查一般应采取秘密方式进行。

13. 正确。

14. 正确。

15. 错误。计算犯罪嫌疑人持有来源不明财产数额时，对于数额能够框定在一定范围内但无法查证准确的，持有财产数额和支出数额采"就低不就高"，而来源明确的财产数额则采"就高不就低"。

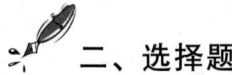
二、选择题

1. D 2. C 3. A 4. D 5. B
6. A 7. C 8. A 9. D 10. B
11. AB 12. BCD 13. ABD 14. ABCD 15. ABCD

三、名词解释

1. 会计证据是指在贪污贿赂等犯罪侦查过程中，侦查人员从财务会计资料中收集的或经过核实的，反映案件资金的来源、去向和运动轨迹的原始凭证、记账凭证、会计报表、会计账簿以及其他相关财务资料，并能证明案件事实的一种书证、物证。

2. 逮捕是人民检察院、公安机关、人民法院为了保障侦查活动的顺利进行，对犯罪嫌疑人依法采取的暂时剥夺其人身自由，予以羁押的一种强制措施。

3. 侦查措施是指为了收集证据，查清犯罪事实，查获犯罪嫌疑人，依照法律规定进行各种专门调查活动而采取的措施。

4. 原始凭证是指在经济业务发生或完成时取得或填制的，用以记录或证明经济业务的发生或完成情况的文字凭据。

5. 侦查人员的消极心理，是指侦查人员在长期的侦查讯问活动中，因特定的工作环境影响，逐渐形成的一种与应有的心理品质相反的偏执性心理。

6. 侦查勘验是指侦查人员依照法定程序对与犯罪有关的场所、物品、人身进行勘验、检查，以发现和收集犯罪活动所遗留下来的各种痕迹和物品的一种法定的侦查措施。

7. 证人翻证是指在办理贪污贿赂案件中，了解案件情况的人在向侦查机关陈述情况后又部分或全部推翻原来的陈述的行为。

8. 贪污罪，是指国家工作人员和受国家机关、国有公司、企业、事业单位、人民团体委托管理、经营国有财产的人员，利用职务上的便利，侵吞、窃取、骗取或者以其他手段非法占有公共财物的行为。

9. 行受贿犯罪中的"经济往来"是指国家经济管理活动以及国家工作人员直接参与到购销商品或者提供、接受服务等交易活动中。

10. 其他依照法律从事公务的人员，是指协助人民政府从事特定行政管理工作的居民委员会、村民委员会等基层组织人员；依法履行职责的各级人民代表大会代表；履行审判职责的人民陪审员以及其他由法律授权从事公务的人员。

四、简答题

1. 答：根据刑事诉讼法的有关规定以及《刑事诉讼规则》第83条的规定，可以对有下列情形之一的犯罪嫌疑人、被告人取保候审：（1）可能判处管制、拘役或者独立适用附加刑的；（2）可能判处有期徒刑以上刑罚，采取取保候审不致发生社会危险性的；（3）患有严重疾病、生活不能自理，怀孕或者正在哺乳自己婴儿的妇女，采取取保候审不致发生社会危险性的；（4）羁押期限届满，案件尚未办结，需要采取取保候审的。

2. 答：第一，法定性。侦查文书是检察机关根据刑事诉讼法等相关法律规定，以实体规定为基础，依照法定程序制作的。第二，规范性。侦查文书的名称、形式、内容等方面都有统一标准。第三，约束性。侦查文书是检察机关依法履行法律监督职能、行使职务犯罪侦查权的载体，目的在于具体、有效地实施法律，必然具备法定约束力及相应的法律意义。第四，现实效用性。侦查文书因侦查活动的需要而产生，其制作与使用又对侦查活动起到规范、制约和联系沟通的作用。

3. 答：第一，在向证人取证时，侦查人员要告知证人如实作证的义务以及作伪证所要承担的法律责任，取证后也要对证人进行相应的法律教育。同时，在事先征得证人同意的前提下，做好取证时的同步录音录像工作。第二，在案件侦查过程中，要注意翻供、翻证再生证据的收集，并与已取得的证据相结合，形成牢固的证据链条，以证实犯罪嫌疑人的犯罪事实，证明其伪供、伪证的虚假性，进而防止证人再次翻证现象的发生。第三，当侦查人员发现证人有作伪证、翻证行为时，要及时洞悉证人作伪证、翻证的真实动机和目的，对其进行政策法律教育，促使其如实作证。如果证人仍执迷不悟，侦查人员又有充分的证据证实其有包庇或作伪证的犯罪行为时，要加大打击力度，追究其刑事责任。

4. 答：第一，必要性原则。适用强制措施必须以有适用的必要，即犯罪嫌疑人有妨碍刑事诉讼顺利进行的可能为前提，而不是有案必用、每个犯罪嫌疑人都用。第二，相当性原则，又称比例性原则，指采取强制措施的种类、力度要与犯罪嫌疑人罪行的轻重以及妨碍诉讼活动顺利进行的可能性的大小相适应。第三，灵活性原则。强制措施要根据办案工作需要，依法灵活运用。

5. 答：（1）针对某类犯罪开展专项行动；（2）针对某些行业、领域的犯罪开展专项行动；（3）集中追捕在逃职务犯罪嫌疑人专项行动。

6. 答：第一，找准问题。通过对案件系统各要素之间、系统各层次之间以及系统与外部环境之间关系的把握，找出问题的症结所在。第二，确定侦查目标。根据案件的问题和侦查人员的判断，合理安排主要侦查目标与次要侦查目标、全局利益与局部利益、侦查成本与侦查收益的关系，确定可以产生最大整体效益的侦查目标。第三，拟定侦查方案。依据侦查目标，制定侦查备选方案。第四，评估和优选侦查方案。运用综合决断方法，统观侦查全局，综合评估案件侦破中各种主要因素，选择最优侦查方案。第五，追踪和修正侦查方案。

7. 答：第一，人民检察院反贪污贿赂部门在办理贪污贿赂犯罪案件中，发现应当逮捕的犯罪嫌疑人外逃，或者已被逮捕的犯罪嫌疑人脱逃，应当立即商请公安机关对其采取网上追逃措施。第二，对持有出入境证件、可能潜逃境外的犯罪嫌疑人，应当在全国各出入境口岸对其采取"扣留人员"边控措施。

第三，对于持有出入境证件，出境可能影响案件侦查工作的其他涉案人员和重要关系人，应当按照案件具体情况，在全国范围内或者本辖区内各出入境口岸采取"阻止出境"等其他边控措施。第四，对于没有办理出入境证件，需限制其出境的犯罪嫌疑人和案件其他重要关系人，承办案件的人民检察院反贪污贿赂部门可通报同级公安机关，不予为其办理出入境证件。

8. 答：第一，国际公约。这需要有关国家必须都是缔约国。第二，双方签署的引渡条约。这是最主要的一种形式。第三，作为补充，双方可以根据互惠原则和对等原则开展引渡。

9. 答：第一，单位受贿犯罪具有组织性、整体性特点。单位受贿犯罪行为是在单位的组织机构或决策者的指挥下，由单位成员实施的有组织行为，且单位受贿犯罪体现着单位整体意志，其目的也是为了单位整体利益。第二，以合法外衣为掩护，具有极强的隐蔽性和欺骗性。第三，涉案领域多、区域广、数额巨大。第四，犯罪参与人反侦查能力强，调查取证难、阻力大。本罪犯罪参与人都是同一单位的相关人员，往往是贿赂的共同受益人，共同利益关系使他们极易串供、订立攻守同盟或毁灭证据，因而单位受贿犯罪的反侦查能力比个人受贿犯罪反侦查能力更强。第五，案中隐案，易发生个人犯罪。由于单位受贿款往往在账外循环，财物失去监管，支出由少数人或个别人说了算，极易被个人贪污和挪用。

10. 答：介绍贿赂并教唆受贿的，按照牵连犯从一重罪处罚原则，以受贿罪处理；介绍贿赂并教唆行贿的，以行贿罪处理；介绍贿赂同时教唆受贿、行贿的，尽管该行为牵连触犯了介绍贿赂罪、受贿罪和行贿罪，但仍应按牵连犯从一重罪处罚的原则，以受贿罪处理。

五、论述题

1. 答：侦查是指侦查机关在办理刑事案件过程中，为了收集、审查证据，揭发、证实犯罪，查获犯罪人，并查清犯罪的具体情况所进行的强制性的专门活动。

第一，侦查是国家的专有权力和行为，行使国家侦查权的主体是法律规定的专门侦查机关。根据我国法律规定，公安机关、国家安全机关、检察机关、监狱、军队保卫部门代表国家分别对不同类型的案件行使侦查权,而其他任何机关、组织或个人都不能实施侦查行为。同时,上述侦查主体中的国家机关工作人员,只有在受所在侦查机关指派时,才能履行侦查职责。

第二,侦查的对象是除自诉案件外的所有刑事案件。根据行使追诉权的主体不同,刑事案件可以分为公诉案件和自诉案件。除自诉案件外,其他刑事案件都要由国家侦查机关侦查,侦查对象包括犯罪嫌疑人和犯罪事实。

第三,侦查的手段是专门调查工作和有关强制性措施。"专门调查工作"是指刑事诉讼法规定的讯问犯罪嫌疑人、询问证人、勘验、检查、搜查、扣押物(书)证、鉴定、通缉等侦查措施。这种调查工作具有法律意义,调查的结果(如讯问笔录、勘验笔录等)可以直接作为证据使用。"有关强制性措施"是指为防止犯罪嫌疑人逃跑、串供、毁灭证据等妨碍侦查行为的发生,而依法采取的拘传、取保候审、监视居住、拘留、逮捕等限制或剥夺人身自由的强制措施和搜查、扣押、冻结财产等侦查措施,以及为保证专门调查工作顺利进行而在必要时采取的监听等技术侦查措施。

第四,侦查的中心任务是收集证据,查清犯罪事实,确定并查获犯罪嫌疑人。查清犯罪事实与确定犯罪嫌疑人,在不同类型的案件中有不同的侧重点。一般来讲,侦查职务犯罪案件的侧重点在于查清犯罪事实,侦查其他刑事犯罪案件的侧重点在于确定犯罪嫌疑人。但从总体上说,二者相互联系,密不可分,查清犯罪事实离不开对犯罪嫌疑人的确定,而对犯罪嫌疑人的最终确定也有赖于犯罪事实的查清。确定并查获犯罪嫌疑人,查清犯罪事实,必须依靠证据。此外,侦查工作还承担着采取有效措施制止犯罪,为国家、集体及个人避免和挽回经济损失的任务,如追逃、追赃等。

第五,侦查必须严格依照法律进行。侦查以国家强制力为后盾,侦查行为的实施都不同程度地具有强制性。只有严格依照宪法、刑事诉讼法、刑法等法律(包括我国签署加入的国际公约)进行侦查,在法律权限范围内采取侦查措施,才能客观全面地收集证据,有效保护公民的合法权益。

2. 答:初查可采用的方法包括:一是询问控告人、举报人的方法;二是核实控告、举报内容的方法;三是社会调查的方法;四是调查知情人(证人)的方法;五是向有关单位和个人收集、调取证据的方法;六是请求有关部门和公民协助调查的方法,等等。具体包括下述做法:

第一,书面审查。书面审查是初查活动最简捷、最常用的方法之一。办案人员只需对报案人、举报人、控告单位或控告人提供的书面材料及各种证据进行审查、鉴别,即可初步查明涉嫌的犯罪事实是否存在以及是否达到立案、追诉标准。必要时，可以借助刑事技术鉴定手段，对有关资料进行鉴定，判断真伪，为分析判断案情提供依据。

第二，外围调查。外围调查是针对案情复杂或罪与非罪界限不清的案件，办案人员根据现有证据、线索开展调查的一种方式。实践证明，一些物证、书证不仅本身就是案件中的重要证据，而且也是反贪部门寻找其他证据的线索。因此，办案人员要从现有证据、线索出发，选准调查工作的突破口，先从易于查清的被指控事实入手，尽快收集相关证据，实现案情的重点突破。由于在初查阶段侦查机关可利用的调查取证措施有限，又不能采取强制措施和查封、扣押、划拨、冻结财产等侦查措施。在实施线索调查时，要尽量隐蔽办案人员的身份和意图，以避免调查对象销毁、隐匿罪证、转移财产、携款潜逃或采取其他反侦查伎俩，给下一步侦查工作设置障碍。

第三，委托调查。在审查举报材料后，发现有贪污贿赂事实存在的可能或者有犯罪事实存在，但需要进行调查，而检察机关自行调查有困难或者不便的，可委托发案单位、检举人或者税务、审计等行政执法部门进行调查，也可以委托外地检察机关或港澳地区司法机关以及外国司法机关协助调查。

第四，联合调查。联合调查即由检察机关与发案单位或者其上级主管部门抽调相应的人力，开展调查。联合调查应以发案单位或其上级主管部门为主，检察机关主要是做好业务上的指导，主动与对方共同分析材料，研究制定调查方案。

第五，隐蔽身份秘密初查，即隐蔽办案人员的真实身份，以其他身份为掩护而进行的秘密初查。

第六，秘密获取证据，即办案人员通过一定的渠道和方法，在初查对象未察觉的情况下，发现、获取有关贪污贿赂犯罪事实和证据的秘密初查方法。

第七，秘密监控，即在案件初查中，根据实际需要，对有关人、场所和物品进行观察、监视、控制的秘密调查措施。它是为配合其他初查手段而使用的一种辅助性手段，从属于初查，为其他初查方法提供信息、确定线索、指明方向。包括跟踪监视，即盯梢；守候监视，即坐梢、蹲坑；秘密通过被查对象的上级机关和主管部门，将初查对象暂时调离岗位等。

3. 答：第一，发现犯罪难度大。行为人在境外是否有存款，涉及个人隐私，一般人很难知晓，且相关书证一般由行为人私人控制，一般人无法接触到，也很难发现。而存款的行为发生在境外，一般人更是无从察觉，因此说，此种犯罪不易被发现。加上犯罪分子系国家工作人员，受教育程度高，具有一定的社会地位，其逃避惩罚的反侦查能力很强。上述这些因素共同决定了隐瞒境外存款案件发现难。在以往我国办理案例中,隐瞒境外存款罪主要是司法机关在查办贪污、贿赂等犯罪的过程中,对行为人的赃款、赃物进行搜查时,发现行为人有存放在境外的存款,并隐瞒不报、数额较大,进而立案侦查的。

第二,犯罪证据的收集比较困难。隐瞒境外存款罪,没有犯罪现场、犯罪痕迹和被害人,对犯罪事实的认定主要依靠言词证据和书证。而言词证据具有不稳定、易灭失的特点,要调查清楚行为人隐瞒境外存款的犯罪事实,必须要在境外收集有关证据。根据法律上的属地管辖原则,在一国境内收集证据只能由该国的有权机关进行,其他国家的任何机构和人员都没有这项权力。因此,在司法实践中如果要进行境外的调查取证工作,应通过我国与有关国家的双边司法协助或者国际刑警组织进行,手续繁杂、耗费时间长,但效果并不理想。因为境外的很多金融机构为了保证信誉,都规定了严格的保密制度,为此,不愿意与司法机关合作调查储户的情况时有发生。因此,审查此类案件,犯罪证据收集常常比较困难。

第三,书证起着关键作用。国家工作人员没有履行境外存款的申报义务,其在境外的存款证明和司法机关调取证据的有关法律文书是证明隐瞒境外存款罪的主要证据。只要书证查证属实,犯罪就会呈现出来,其他证据往往是起补充说明作用的,这就要求侦查人员在侦查过程中要特别注意有关书证的调查收集工作。

图书在版编目（CIP）数据

反贪污贿赂岗位素能培训习题集/徐进辉主编.—北京：中国检察出版社，2013.12
ISBN 978-7-5102-0956-7

Ⅰ.①反… Ⅱ.①徐… Ⅲ.①贪污贿赂罪-中国-习题集
Ⅳ.①D924.392-44

中国版本图书馆 CIP 数据核字（2013）第 176036 号

反贪污贿赂岗位素能培训习题集

徐进辉　主编

出版发行：	中国检察出版社
社　　址：	北京市石景山区香山南路 111 号（100144）
网　　址：	中国检察出版社（www.zgjccbs.com）
电　　话：	（010）68682164（编辑）　68650015（发行）　68636518（门市）
经　　销：	新华书店
印　　刷：	三河市西华印务有限公司
开　　本：	720 mm × 960 mm　16 开
印　　张：	10 印张
字　　数：	180 千字
版　　次：	2013 年 12 月第一版　2013 年 12 月第一次印刷
书　　号：	ISBN 978-7-5102-0956-7
定　　价：	12.00 元

检察版图书，版权所有，侵权必究
如遇图书印装质量问题本社负责调换